JN299387

# 企業ネットトラブル
# 対策バイブル

<small>弁護士法人</small>畑中鐵丸法律事務所◎著

弘文堂

# はじめに

## 1　企業に対する新たな脅威

　これまで、「企業にとっての脅威・害悪」は、かつて、マスコミ等を騒がせていた「総会屋」（専門家の間では、「特殊株主」と呼ばれていました）による株主総会での威嚇行動や右翼を称する街宣車による宣伝活動等、はたまた、企業宛てに実弾入りの封筒を送りつける、といった目に見える「有形力の行使」がほとんどでした。

　当然、これらの脅威に対し守る側の企業も、警察の協力を得て取り締まりを強化してもらったり、弁護士等の専門家の指導の下、万全の株主総会対策を整えたり、といったように、あくまで「有形力の行使」に対する防衛策がほとんどでした。

　そして、これらの「有形力の行使」を中心とする「企業にとっての脅威・害悪」は、目に見えてわかりやすく、かつ、害悪の発生を瞬時に把握することができるので事前の防衛策や対応策にも取り組みやすいという特徴がありました。

　ところが、インターネットの普及率が飛躍的に増加した2000年代前半頃から「企業にとっての脅威・害悪」は古典的な「有形力の行使」から、「インターネットを利用した企業にとっての脅威・害悪」、すなわち、不正に企業内のパソコンに侵入し重要情報等を取得するといった不正アクセスや、「2ちゃんねる等のインターネット上の掲示板や、ツイッター、facebookなどのソーシャルネットワーキングサービス（SNS）等を利用し、企業に対し、様々な悪影響を与える結果を招来する攻撃（以下、省略して「ネット攻撃」といいます）」に変化してきております。

　次頁の図表をご覧下さい。もちろん、これらの数字が全ての「企業にとっての脅威・害悪」を示しているものではありませんが、昨今のニュースなどからも明らかなとおり、インターネットを利用した「企業にとっての脅威・害悪」のうち、特に、後者の「ネット攻撃」は、昨今、広くネットトラブルとして認識されるに至っており、これを防ぐための事前の防衛策や対応策も緊急に求められているところです。

〈インターネット利用率〉

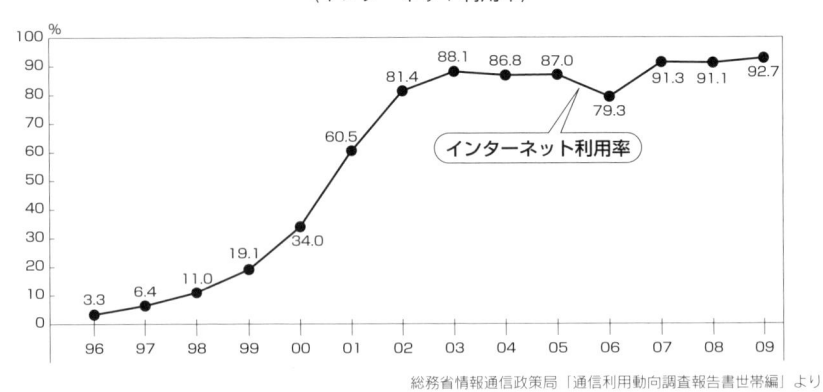

| 年 | 96 | 97 | 98 | 99 | 00 | 01 | 02 | 03 | 04 | 05 | 06 | 07 | 08 | 09 |
|---|---|---|---|---|---|---|---|---|---|---|---|---|---|---|
| 利用率(%) | 3.3 | 6.4 | 11.0 | 19.1 | 34.0 | 60.5 | 81.4 | 88.1 | 86.8 | 87.0 | 79.3 | 91.3 | 91.1 | 92.7 |

総務省情報通信政策局「通信利用動向調査報告書世帯編」より

〈不正アクセス等のサイバー犯罪の検挙状況〉

| 罪名 \ 年 | H18 | H19 | H20 | H21 | H22 | H23(上) | 前年比増減 | |
|---|---|---|---|---|---|---|---|---|
| 不正アクセス禁止法違反 | 703 | 1,422 | 1,740 | 2,534 | 1,601 | 99 | +14 | (+16.5%) |
| コンピュータ・電磁的記録対象犯罪 | 129 | 113 | 247 | 195 | 133 | 53 | −3 | (−5.4%) |
| 電子計算機使用詐欺 | 63 | 74 | 220 | 169 | 91 | 42 | +5 | (+13.5%) |
| 電磁的記録不正作出・毀棄等 | 56 | 34 | 20 | 22 | 36 | 9 | −6 | (−40.0%) |
| 電子計算機損壊等業務妨害 | 10 | 5 | 7 | 4 | 6 | 2 | −2 | (−50.0%) |

警察庁「サイバー犯罪対策」ウェブサイトより抜粋
(H23年は上半期のみ)

〈都道府県警察のサイバー犯罪相談窓口等に寄せられたインターネット関連の相談の受理件数〉

| | H18 | H19 | H20 | H21 | H22 | H23(上) | 増 | 減 |
|---|---|---|---|---|---|---|---|---|
| 迷惑メールに関する相談 | 4,335 | 4,645 | 6,038 | 6,538 | 9,836 | 5,660 | 1,296 | 29.7 |
| 名誉毀損・誹謗中傷等に関する相談 | 8,037 | 8,871 | 11,516 | 11,557 | 10,212 | 5,193 | 187 | 3.7 |
| 不正アクセス、コンピュータ・ウイルスに関する相談 | 2,930 | 3,005 | 4,522 | 4,183 | 3,668 | 2,235 | 338 | 17.8 |
| 不正アクセスによる被害、ネットワーク・セキュリティに関する相談 | 2,713 | 2,789 | 4,320 | 3,955 | 3,341 | 2,079 | 342 | 19.7 |
| コンピュータ・ウイルスによる被害に関する相談 | 217 | 216 | 202 | 228 | 327 | 156 | −4 | −2.5 |
| その他 | 6,917 | 7,644 | 9,095 | 9,502 | 10,009 | 5,599 | 730 | 15.0 |

警察庁「サイバー犯罪対策」ウェブサイトより抜粋
(H23年は上半期のみ)

## 2　ネットトラブル対策

インターネット上では、毎日のように、様々な企業の様々な話題や事件、

不祥事等が紹介され、双方向性メディアというインターネットの特徴を活かし、様々な人たちが様々なコメントを投稿しています。

その手段も、2ちゃんねる等のインターネット上の掲示板への投稿、自身のブログ記事、いわゆるソーシャルメディアの利用等、多岐にわたります。

そして、時として、企業や企業関係者がインターネット上で"炎上"し、ネットトラブルに至る事件にまで発展します。

これらの事件はなぜ起こるのか。ここに興味深い例があります。まず、下記の数値をご覧下さい。

|  | 事件数 | 患者数 |
| --- | --- | --- |
| 平成20年 | 1369件 | 24303人 |
| 平成21年 | 1048件 | 20249人 |
| 平成22年 | 1254件 | 25972人 |
| 平成23年 | 約800件 | 約13000人 |

(平成23年は速報値:平成24年1月11日までに報告が挙げられた分)

これは厚生労働省がまとめた全国の食中毒事件の統計表です。

上記表からもわかるように、実は、食中毒事件は、毎年、1000件以上発生しており、ほぼ毎年、お年寄りや子供など、免疫力の低い方々が亡くなっています。

このような統計結果を前提とすると、平成23年4月に富山県や福井県等の「焼肉酒家えびす」で発生したユッケ食中毒事件も、5名の尊い命が奪われた重大事件であることには変わりありませんが、食中毒事件自体は決して"珍しいものではない"ことがわかります。

それにもかかわらず、平成23年4月期のインターネットは、この事件の話題で"炎上"していたことは記憶に新しいかと思います。

このように、なぜ、特定の事件がインターネット上で"盛り上がり"、"炎上"するのでしょうか。"炎上"する企業にはどのような特徴があるのでしょうか。

まずは、これらを理解することが、企業に対する「ネット攻撃」を防ぐための事前の防衛策や対応策を知る第一歩となることでしょう。

なお、本書では、粉飾決算や食品偽装、役員のインサイダー取引といった、社会的に許容されることのない「企業の不祥事」が発端となって発生するネ

ットトラブルであっても、「ネット攻撃」を受けて当然、という態度はとりません。

　確かに、「企業の不祥事」自体は、民事的にも刑事的にも、場合によっては行政的にも処断されるべきものです。しかしながら、法的にも社会的にも非難されるべき当該企業に対して「ネット攻撃」を行う者もまた、後述の偽計業務妨害罪、名誉毀損罪といった犯罪を構成する場合もありますし、民事上の責任を問われる場合もあります。

　昨今、いわゆる、社会的非難の一つとして「ネット攻撃」がその重要な地位を占め、重要な意味を持っていることは否定できませんが、本書では、たとえ不祥事を起こした企業であっても、「ネット攻撃」に対しどのような対応策を講じるべきか、「企業の不祥事」が発端となって発生するネットトラブルに対し、事前にどのような防衛策を構築することができるか、という観点から進めていきたいと思います。

　なお、本書の体系・構造は、畑中鐵丸（本書企画・編集担当）が執筆し、山岸純（本書執筆担当）も執筆に協力した『企業法務バイブル』（弘文堂、2011）でご紹介しました企業法務体系モデルを採用しております。

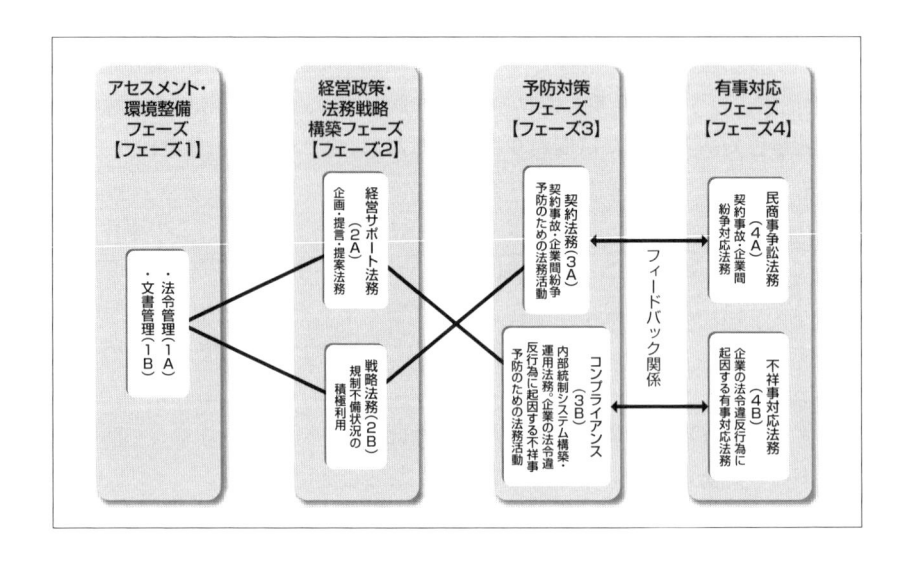

すなわち、企業法務に要求されるミッションをオペレーション（具体的活動）面からフェーズ解析をしますと、法務活動は、
　①　アセスメント・環境整備フェーズ（フェーズ１）
　②　経営政策・法務戦略構築フェーズ（フェーズ２）
　③　予防対策フェーズ（フェーズ３）
　④　有事対応フェーズ（フェーズ４）
の４段階に区分されると考えられます（企業法務バイブル20頁）。
　上記フェーズ区分を基本としつつ、これに加えて、ネットトラブル対策という企業法務上の課題につき、概要を全体として俯瞰しつつ、課題の本質的特徴を概説するものとして、「課題概要と全体構造（フェーズ０）」を設けるとともに、さらに、最新の法務課題を「ネットトラブル対策法務における特殊な課題・新たな課題」という独立のパートを設け、以下のようにネットトラブル対策法務という法務課題を整理・体系化して、解説しています。

---

序　章　「課題概要と全体構造（フェーズ０）」
第１章　「アセスメント・環境整備における課題（フェーズ１）」
第２章　「経営政策・法務戦略構築における課題（フェーズ２）」
第３章　「予防対策における課題（フェーズ３）」
第４章　「有事対応における課題（フェーズ４）」
第５章　「特殊な課題・新たな課題」

---

　「企業活動に関わるネットトラブル対策法務」という企業法務分野は、現時点においても、なお未生成で混沌とした状態であり、日々様々な形で事件が発生しています。
　このような先端法務課題について、問題点を明瞭に解明し、実務的な対応技術を整理し、書籍化する、ということは予想以上に困難を極める作業でした。
　ともあれ、本書が、企業法務の現場において日々事件と立ち向かう法務部のスタッフ・マネージャーの方々や弁護士の方にとって、実務対応の一助となることを願い、上梓させていただきました。

本書を通じ、企業社会の健全な成長・発展に少しでも寄与できれば、著者らとして望外の喜びと感じるところです。

2012年6月

弁護士法人畑中鐵丸法律事務所（著）

弁護士　山岸 純（執筆担当）

弁護士　畑中鐵丸（企画・監修担当）

# 企業ネットトラブル対策バイブル
## -目次-

はじめに　iii

# 序章　課題概要と全体構造 ………………………………… 1

## 第1節　はじめに　2
## 第2節　ネットトラブルの実例　2

### 1●自招型ネットトラブル　2
「バードカフェ・グルーポンおせち」ネットトラブル事件
「焼肉酒家えびす・ユッケ食中毒」ネットトラブル事件
「九州電力・やらせメール」ネットトラブル事件
「UCC上島珈琲・ツイート」ネットトラブル事件
「東芝・クレーマー」ネットトラブル事件

### 2●派生型ネットトラブル　19
「ウェスティンホテル東京・ツイート」ネットトラブル事件
「三越伊勢丹・内定者暴言」ネットトラブル事件
「TSUTAYA・不謹慎ツイート」ネットトラブル事件
「アディダス・新人従業員ツイート」ネットトラブル事件

### 3●害意型ネットトラブル　26
「動物病院・中傷」ネットトラブル事件
「ラーメンチェーン店」ネットトラブル事件
「外山不動産・人違い」ネットトラブル事件
「イオンファンタジー・取締役なりすましツイッター」ネットトラブル事件
「ニュースあさひドットコム・なりすまし」ネットトラブル事件
「フジテレビ・番組偏重」ネットトラブル事件

## 第3節　ネットトラブルの特徴及び背景　42

1●高い匿名性・手段の簡易性が招く規範意識の欠如　42
2●被害の把握・認識の困難性　45
3●"見えない高度な連携プレー"──ネット上の匿名的共同作業　47
4●迅速かつ効果的な事後対応の不存在　49
5●現行の法制下における限界　50
6●"放置"はベターか!?　52

## 第4節　ネットトラブル対策の実践上の課題と対応の基本　55

1●戦略目標の設定　55
2●証拠の保全　58
3●刑事手続の是非　60

# 第1章　アセスメント・環境整備における課題  61

## 第1節　法令環境　62

1●プロバイダ責任制限法　62
　　制定の背景
　　概要
　　海外のプロバイダ対策
　　「被害者」に対するプロバイダ等の責任の制限
　　「情報発信者」に対するプロバイダ等の責任の制限
2●名誉毀損・プライバシー関係のガイドライン　71
3●個人情報保護法　72
4●不正競争防止法　73
5●刑法（名誉毀損罪）　76
6●不正アクセス行為の禁止等に関する法律　78
7●金融商品取引法　80
　　ネット上の掲示板への投稿行為に対し、金商法が適用された例

第2節　法令管理・情報収集　　　　　　　　　　　　　83

　1●ネットトラブルに関する捜査機関の窓口　83

　2●国が設置するネットトラブル相談連絡窓口　84

　3●インターネット全般にかかるネットトラブル相談連絡窓口　85
　　　　財団法人インターネット協会
　　　　社団法人電気通信事業者協会
　　　　社団法人テレコムサービス協会
　　　　社団法人日本インターネットプロバイダー協会

　4●ネットトラブルの予防・対応策等を研究している民間団体　86

# 第2章　経営政策・法務戦略構築における課題…87

## 第1節　ビジネスの設計・構築段階における対応策　　88

　1●ビジネスにおける組織設計の検討　88
　2●ビジネスにおける事業形態の検討　91
　3●B to Cビジネスの場合の留意点
　　　～「営業部門」と「クレーム処理部門」と「債権回収部門」の分離　92

## 第2節　専門部署・部員の設置　　　　　　　　　　　96

　1●ネットを監視する専門部署の設置・人員の配置　96
　2●ソーシャルメディア管理者(コミュニティマネージャー)の設置　101

## 第3節　内部通報窓口の活用　　　　　　　　　　　　103

## 第4節　情報管理　　　　　　　　　　　　　　　　　106

# 第3章　予防対策における課題 　109

## 第1節　日常業務としての認知・発見作業　110
## 第2節　社内チャイニーズ・ウォールの設定　111
## 第3節　ネットトラブルに関する従業員の教育
（特に「従業員派生型」への対応）　112

1 ●従業員教育のポイント　112
2 ●従業員のパソコン管理の可否　114
3 ●従業員のソーシャルメディア等利用に関する
　企業内ガイドラインの策定　116
4 ●従業員等の守秘義務管理　122

# 第4章　有事対応における課題　125

## 第1節　相談先の選択　126
1 ●捜査機関　126
2 ●法律事務所　127
3 ●インターネット関連のサービスを提供する民間会社　128

## 第2節　各種手続の解説　129
1 ●刑事手続と民事手続の差異　129
2 ●書込み・投稿を行った者などを特定するための手続　131
　　　裁判外の手続
　　　裁判上の手続
3 ●投稿を削除するための手続　145
　　　ホームページ作成者やインターネット上の掲示板等への
　　　書込みを行った者への直接の削除請求
　　　プロバイダ等への削除請求
　　　裁判上の請求

  4●損害賠償を求めるための手続　153
  5●刑事罰を求めるための手続　154

## 第3節　各種手続の考察　155

  1●手続の選択　155
  2●実例にみる法的手続に要する時間とコスト　156
     「ラーメンチェーン店」ネットトラブル事件
     某家庭用ゲームソフト開発会社誹謗中傷事件
  3●刑事手続の特殊性　162

## 第4節　実践上のポイント　163

  1●相手方の特定　163
  2●担当裁判官のプロフィールの把握　164
  3●証拠の保全　165

# 第5章　特殊な課題・新たな課題　169

## 第1節　企業内関与者の処分と労働法務　170

  1●企業内関与者の調査・特定　170
  2●企業内関与者の処分　171

## 第2節　プレスリリース（マスコミ対応）　172

  1●プレスリリースの要否　172
  2●プレスリリースの工夫　174

## 第3節　上場企業特有の課題　177

  1●株主総会対策　177
  2●証券取引等監視委員会等への対応　179

### 第4節　ステルスマーケティング　　181

　1●ステルスマーケティングの定義と現状　181
　2●私見　185

索引　187

## 序章

## 課題概要と全体構造

第1節　はじめに
第2節　ネットトラブルの実例
第3節　ネットトラブルの特徴及び背景
第4節　ネットトラブル対策の実践上の
　　　　課題と対応の基本

# 第1節　はじめに

　企業が巻き込まれるネットトラブルには、発生原因の違い、性質の違い、加害者側の目的・意図の違い、企業側の"落ち度"の違いなど様々な違いがありますし、もちろん、企業に及ぼす影響力なども千差万別です。

　ネットトラブル対策に関する法務課題とその全体構造を把握するためには、何よりも、過去の実例を知り、その傾向を理解しておくことが重要です。

　本書では、まず、近年の実例をもとに、企業が巻き込まれるネットトラブルを「自招型ネットトラブル」、「派生型ネットトラブル」、「害意型ネットトラブル」に分類し、その理解を深めます。

# 第2節　ネットトラブルの実例

## 1　自招型ネットトラブル

　まず、マルチまがいの商売を繰り広げる経営方針や、企業トップの問題発言、欠陥商品の隠匿、偽装、消費者への度を越した対応、といったいわゆる「企業の不祥事」などが引き起こすネットトラブルが分類されるのが"自招型ネットトラブル"です。

　この類型のネットトラブルは、企業側にネットトラブルを招いた何らかの問題があるところに特徴がありますが、週刊誌のゴシップ記事などで誹謗中傷とともに面白おかしく取り上げられていた頃の誹謗中傷被害と量的な変化はありません。

　しかしながら、まず、「企業の不祥事」がニュースなどで取り上げられ、これに"尾ひれはひれ"が追加された記事を載せた週刊誌が大量増刷され、人々の日々の話題にのせられることによって誹謗中傷が拡大していった頃とは異なり、「双方向性メディア」であるインターネットという道具が利用されることにより、一度、「企業の不祥事」によって引き起こされたネットトラブルは、テレビや紙面を通じた回りくどい過程を経なくとも、瞬時に拡散、拡大していきます。

　このように、「企業の不祥事」などが引き起こすネットトラブルは、従来

の誹謗中傷被害と比べると、質的な変化が生じているところに特徴があります。

以下、「企業の不祥事」が引き起こしたネットトラブルの実例を紹介します。

## ●「バードカフェ・グルーポンおせち」ネットトラブル事件
【事件の概要（時系列）】

> この事件は、事件発生からネットトラブルに至るまでの時間が極めて短く、かつ、海外のメディアに取り上げられるほど社会の耳目を集めたという意味において、ネットトラブルの恐ろしさを物語る最良の例です。
>
> 以下、発生からネットトラブルに至るまでの過程を分かりやすくするために、この事件を時系列にて解説します。

| 日時 | 概　要 |
| --- | --- |
| 平成22年11月 | 　株式会社外食文化研究所が運営する「バードカフェ」が、グルーポンサイトにて、「21,000円のおせちが50% OFFの10,500円になるクーポン」の販売を開始。<br>　その後、クーポンの売れ行きが好調であったため、当初のクーポン販売枚数を50枚から500枚に大幅に拡大し、また、販売期間も延長した。 |
| 平成22年12月31日午後4時 | 　レストラン等の口コミサイト「食べログ」の「バードカフェ 横浜店」ページに、販売されたおせちの写真とともに、<br><br>「年末の買い物を終えて、「今年はおせちの準備がラクでいいなぁ」などと家内といいながら、帰宅して届いた「おせち」を見てびっくり。<br>内容はスッカスカ。<br>これで4人前？<br>まるで叩き付けたように盛りつけたような、雑な盛りつけ。<br>全部で33品と書いてあったのに、あれ？ 25、6品？<br>…おいおい、チーズってホイルに包まれたまま？<br>えっ？　キャビアってこの端っこに倒れているこれ？<br>伊達巻き二切れだけど、これを4人で取り分けるの？<br>いや、何かの間違いだろ、電話してみようよ、お店に。<br>気を取り直して電話掛けてみたら…<br>ツーツーツー。<br>話中で全く繋がらない。<br>お店から誠意ある対応がなされることを期待します。<br>ああ、気分が悪い。<br>最悪です。」 |

| | |
|---|---|
| | と書き込まれる。 |
| 同じ頃 | 上記のほかにも、グルーポン社、バードカフェに対し、「届かない」、「内容が違う」等の苦情が相次ぐ。 |
| 上記口コミ掲載以降 | ２ちゃんねる等のインターネット掲示板、各種ブログ等が取り上げる。<br>・「ネタ的なニュースちゃんねる」【グルーポン（@keisukeseto0226）おせち事件に新展開】<br>・「ネットのお話 ブログ」【グルーポン「新年だから残飯を送りつけたら１万円儲かった。＾ー＾」】<br>・「ライブドアブログ」痛いニュース(ﾉ∀`)【グルーポンの割引で買ったおせち料理が酷すぎると話題に】<br>・「ガジェット通信」【グルーポンで買ったおせち料理が「見本と違う」と話題に！ 腐っているという報告も多数】<br>・「にゅうにゅうす」【詐欺クーポンのグルーポンで買ったおせち料理が残飯と思わせて酷すぎると話題に】<br><br>特に、「２ちゃんねる」では１月１日午前中に、「グルーポンの割引おせち料理が酷すぎと話題」とのスレッドタイトルが立てられて以降、１月30日の段階で、継続スレッドが95まで続いている（実に95000件（1000件×95）の書込みが行われている計算になる）。 |
| 平成23年１月１日午前11時 | グルーポンがtwitterに謝罪文を掲載<br><br>＜内容＞<br>【御節にお問い合わせの皆様へ】新年早々大変申し訳ございません。全額返金はもちろんのことお詫びの対応も致します、support@qpod.jpにご連絡いただければ幸いです。今回の教訓を元に更に精進し、満足頂けるサービスをご提供して参ります、今年もグルーポンをよろしくお願い致します。 |
| 平成23年１月１日午後1時、午後5時 | グルーポン社が、自社ウェブサイトにアナウンスを掲載<br><br>【グルーポンのアナウンス】<br>先のお知らせ（http://info.groupon.jp/topics/20110101-381.html）でご案内しておりました「バードカフェ謹製おせち」の件では、多大なるご迷惑・ご心配をおかけし、謹んでお詫び申し上げます。<br><br>本クーポンを購入されたお客様に、対象クーポンご購入金額を上限として全額返金するとともに、ささやかながらお詫びの気持ちとして、下記のとおり、お客様にお選び頂ける商品カタログをご用意致しました。<br>--------------------------------------------------<br>＜対象者＞<br>・下記のクーポンを購入されたお客様<br>　50%OFF【10,500円】2011年迎春<br>　≪横浜の人気レストラン厳選食材を使ったお節33品・３段・７寸（４人分）配送料込≫ |

12月31日着
http://www.groupon.jp/deal-detail/cid/1670
＜返金内容＞
　対象クーポンご購入金額を上限として全額返金
　※複数枚購入されたお客様には【クーポン代金×購入枚数分】のご返金となります。
　※返金方法及びスケジュールにつきましては１月５日（水）以降に改めてご連絡させて頂きます。
＜グルーポンお詫びカタログ内容について＞
　お選びいただける商品
　　１）チョコレート（BABBI 5000円相当商品）　※お届け先へ配送
　　２）アイスクリームギフト券（ハーゲンダッツ 5000円分）　※お届け先へ配送
　　３）お花　花門フラワーゲート カタログギフト（5000円分）　※お届け先へ配送
　　４）グルーポン5,000円分チケット　※ご登録アカウント（マイページ）に配布
　上記４点の中から、ご希望の商品を１点お選びの上、お申込みください。
　※お詫びの品につきましては、ご購入者様お一人につき１点となります。
＜お申込み方法と期限＞
　お手数でございますが　下記のお問い合わせフォームより、お申込みをお願い致します。
　●お問い合わせフォーム：http://www.groupon.jp/contact/
　　※お問い合わせ内容は「その他」をご選択ください。
　●ご記載頂きたい内容（必須）
　　・お名前
　　・ご登録メールアドレス
　　・要件：バードカフェおせちお詫びカタログの件
　　・ご希望商品：上記４点より１点お選びください。
　　・ご自宅（お届け先）の郵便番号・住所・お名前・電話番号
　●お申込み期限：誠に勝手ながら、１月17日（月）18:00までとさせて頂きます。
　※メールアドレス宛に送る場合は、support@groupon.jp宛にタイトルに【バードカフェおせちお詫びカタログの件】と記載の上、上記内容をお送りください。
-------------------------------------------

この度、購入されたお客様には「バードカフェ謹製おせち」の件で、年始早々より、ご迷惑・ご不快な思いを招いてしまいましたことを、心よりお詫び申し上げます。

| 平成23年1月1日午後 | 「ネットのお話」サイトに、外食文化研究所代表取締役M氏へのインタビューが掲載される。<br><br>＜内容の抜粋＞<br>―なぜこのような事が起こったのでしょうか？<br>　まず大変申し訳なく思っておりそれを謝罪させて頂きたいと思いま |

| | |
|---|---|
| | す。今回このような事が起こった経緯として、バードカフェという店舗にて料理の制作等を行っていたのですが初期に想定していた販売数は100に対して実際は500の注文が入りました。グルーポンでここまで反響があるとは想定しておらず、企画そのものの見切り発車となってしまった部分が大きく考えられます。<br><br>―なぜ見切り発車してしまったのですか？<br>　完全に力不足です。商品が本来あるべき形にならないと分かった時点でキャンセルすべきでした。しかし、浮足立ってしまった事もあり現在の形で販売してしまいました。<br><br>―そもそも、このような商品内容で配送した時点でクレームがつくのは目に見えていたのでは？<br>　キャンセルか不完全な状態でも配送か二つの選択で悩みましたが、お客様との契約を優先として考え、商品が届く事がまず大事と判断しました。<br><br>―２ちゃんねる等でもかなり話題になっていますが、そういった内容がご覧になられていますか？<br>　はい。おおよそのスレッドに関しては把握し、状況を受け止めております。 |
| 平成23年<br>1月2日 | ２ちゃんねる投稿者の一人が、おせちを製造したと思われる店舗のゴミ箱を探索し、捨てられていた「食材等の納品書」を発見する。<br>この納品書の内容から、おせちの広告内容が虚偽表示であったとの疑惑が生じる。<br><br>＜疑惑が生じた例＞<br>キャビア　→ランプフィッシュの卵<br>丹波の黒豆　→中国産ぶどう豆<br>フランス産シャラン鴨のロースト　→国産鴨<br>鹿児島産黒豚の京味噌漬け　→アメリカ産黒豚 |
| 平成23年<br>1月2日 | 外食文化研究所が謝罪文を掲載し、また、Ｍ氏が代表取締役を辞任することを発表する。 |
| 平成23年<br>1月2日以降 | マスコミや各種のニュースウェブサイトも本件を大きく取り上げ始める。<br>・「NHKニュース」【ネット販売おせち　苦情で返金】<br>・「テレビ朝日」【「見本と違う！」ネット販売のおせちに苦情殺到】<br>・「asahi.com」【おせち200人に届かず　料理にいたみも？　グルーポン－社会】<br>・「日本経済新聞」【お節料理「見本と違う」、ネット購入者とトラブル】<br>・「MSN産経ニュース」【お節料理「見本と違う」　500セット、全額返金】<br>・「YOMIURI ONLINE（読売新聞）」【ネット注文おせち「見本と違う」…納品遅れも】<br>・「ウォール・ストリート・ジャーナル」【After Mochi, Osechi: The First Food Brouhaha of the New Year Troubles Traditional Japanese Meal |

| | |
|---|---|
| | Purchased on Groupon, Rakuten – Japan Real Time - WSJ】 |
| 平成23年<br>1月5日 | グルーポン社が、自社ウェブサイトに「バードカフェ（横浜）「謹製おせち」についてのお詫びとご報告」と題する文書を掲載 |

【バードカフェ（横浜）「謹製おせち」についてのお詫びとご報告】
1．経緯について
2010年11月25日正午～11月27日正午
　＊バードカフェが提供する「謹製おせち」（以下、当該商品）21,000円を10,500円のクーポン（以下、本クーポン）として販売
　＊本クーポンの販売数：500セット限定（完売）
　＊配送予定日：12月31日
2010年12月31日11：00頃
　＊本クーポンをご購入者様から、配送が遅延していること、また当該商品の内容について点数や量、盛り付けなどが写真など事前の説明と異なるというご苦情、お問い合わせ、ご報告が、弊社のお問い合わせ窓口（ホームページ経由のメール）に（12月31日24:00までの問い合わせ総数：92件）寄せられる。
　＊バードカフェへの状況確認と弊社の社内調査により、当該商品の内容が異なり、また配送遅延があったことを認識。
2011年1月1日13：22
　＊弊社ホームページにて、バードカフェ「謹製おせち」の件についての謝罪文を公表。
2011年1月1日17：18
　＊弊社ホームページにて、バードカフェ「謹製おせち」ご購入のお客様へのお詫びとして、本クーポンをご購入の全てのお客様に全額返金する旨、また5,000円相当のお詫びの商品をご用意させて頂く旨を公表。また同様のお知らせを本クーポンご購入の全てのお客様にメールで送信。
2．内容及び今後の対応について
(1) 対象者
　＊本クーポンご購入者様全員
(2) 今後の対応
　＊対象クーポンご購入金額を上限として全額返金
　＊お詫び（グルーポン商品）の謹呈（いずれか一つ）
　1．チョコレート(5,000円相当商品)
　2．アイスクリームギフト券（5,000円分）
　3．お花 カタログギフト(5,000円分)
　4．グルーポン5,000円分利用チケット
3．原因および問題認識について
　＊本クーポンによりお客様がご購入された当該商品の提供元について、その品質管理、製造管理、配送管理などにおいて、十分適切であることを見極め切れませんでした。
　＊ご購入者様からのご苦情、お問い合わせなどに対応する窓口が弊社ホームページ経由のメールのみであったため事態の把握と対応にタイムラグを生じさせてしまいました。
4．今後の対策について
　＊クーポン商品の提供会社に対する事前審査を厳格化いたします。

| | |
|---|---|
| | ＊クーポンご購入者様からの専用お問い合わせ窓口を設置いたします。<br>＊お客様、加盟店舗様に一層安心して弊社サイト「GROUPON」をご利用頂けるよう、社内教育の更なる拡充並びに業務管理体制の強化を図ってまいります。 |
| 平成23年<br>1月5日 | 岡崎トミ子消費者行政担当相が、1月5日の閣議後記者会見にて、「実際にそうであれば景品表示法違反になる」と述べ、違反事実が明らかになれば厳正に対処する意向を示した。 |
| 平成23年<br>1月5日 | 横浜市保健所が、1月4日に商品を提供した「外食文化研究所」に立ち入り調査し、製造作業に衛生管理上の問題がなかったかなどを調査したことを発表する。 |
| 平成23年<br>1月7日 | 消費者庁は7日までに、景品表示法違反の疑いもあるとして外食文化研究所のM氏から来週中に事情を聴くことを決定した。<br>また、神奈川県と農林水産省も、7日までに、販売方法が日本農林規格（ＪＡＳ）法の適用対象になるか調査を行った。 |
| 事件発生以降 | インターネット上で株式会社外食文化研究所の代表取締役M氏個人に対する誹謗中傷が繰り広げられる。<br><br>株式会社外食文化研究所代表を誹謗中傷する書込み（2ちゃんねる）<br>【抜粋】<br>名無しさん＠お腹いっぱい。: 2011/01/06(木) 03:20:39 ID:GgQSgNef0<br>　MはＸＸ駅前の高級タワーマンションの高層階に住んで<br>　他人を正月から騙して逃げて<br>　そりゃ徹底的に追い詰められて当然だよｗ<br>　他人を露骨に騙して自分は贅沢三昧だろ。<br>　しかも結婚直後ｗ<br>　家族も含めて死んで欲しいよ。<br>　こういう詐欺野郎は。<br><br>名無しさん＠お腹いっぱい。: 2011/01/06(木) 13:11:39 ID:BtuvG62i0<br>　M、お前はもう終わったよ<br>　残念だが、今の社会では復帰は不可能<br>　一度、罪を犯してしまうと、次に何かやろうとしても、社会が許さない<br>　残念だが、今の日本の現状だよ<br>　今後、ここぞとばかりに消費者庁含め関係各所は動き出すだろう<br>　なんせ、世間にアピールできる絶好のチャンスだからな、民主党にとっても好機だから徹底的に追い込まれるぞ<br>　それから、社員およびパート従業員は給料の不払いや遅延が起こる可能性大だから、早く辞めた方がいい<br>　変なまきぞいに巻き込まれないうちにな<br>　M、お前の顔はネットでも出てるぞ、どうするんだ？<br>　縁起物のおせちで詐欺行為とはバカだね<br>　両親、親族、妻に迷惑掛けないためにはどうすればいいか考えろ<br>　答えは一つだよな |

> 名無しさん@お腹いっぱい。: 2011/01/06(木) 13:38:24 ID:BtuvG62iO
> Mの奥さん、ここ見てるかな
> 早く、役所に行って離婚届けをもらってきなさい
> 本当に、妻の事を考えてるならM本人から言うはずだけどね
> 奥さん、ネット社会では隠し撮りであなたの顔もネット上に流出する可能性があります
> 甲斐性のない男を選んだあなたが悪いのですがね
> それとも、あなたも同類ですか？
> そうだとしたら、デリヘルかピンサロで働きなさい。

**【考察】**

　この事件は、供給能力を超える数の商品クーポンを先行して販売し、これに対応するため、間に合わせの具材などで品質の悪い商品（おせち）を提供してしまったという「企業の不祥事」の一つに過ぎない事件でしたが、年始のこれといったニュースがない時期に、ある意味、センセーショナルなおせちの写真とともにインターネットに投稿された口コミが世間の耳目を引いて、上記事件まで発展した例です。

　一つの事件をきっかけに、企業の経営姿勢、これまでの経営実績の"暗部"など全部がインターネットによって、面白おかしく取り上げられ、誹謗中傷に及び、さらには、代表者個人の誹謗中傷にまで一気に及んだという特異な例であり、「企業の不祥事」という自招のものとはいえ、ネットトラブルに発展した場合の質的な被害を物語って余りあるものがあります。

## ●「焼肉酒家えびす・ユッケ食中毒」ネットトラブル事件
【事件の概要】

> 　平成23年4月21日以降、株式会社フーズ・フォーラスが経営する富山県、福井県、神奈川県の「焼肉酒家えびす」で、ユッケなどの生肉を食べた客合計117人（同年5月15日時点）が、病原性大腸菌O111などによる食中毒を発症し、合計5人が死亡するといった大事件となりました。
> 　日本テレビ系列で放送された番組『人生が変わる1分間の深イイ話』で取り上げられるなど、注目を浴びつつあった焼肉チェーン店でしたが、後日、衛生管理体制に大きな問題があったことなどが指摘され、また、同一飲食チェーン店で発生した集団食中毒において3名以上が死亡するという極めて重大な事件に発展したこともあり、平成23年7月には会社の解散手続を行い、平成24年2月10日には、特別清算手続に至っています。
> 　事件発生後、記者会見にて、株式会社フーズ・フォーラスの代表者が反省を示しながらも、
> 「厚生労働省の基準に生食用の牛肉の定義がないのだから、生食でない肉を提供したわけではない」、
> 「法律で普通の精肉をユッケとして出しているのを全て禁止すればいい」
> などと、自らを正当化するかのような、いわば"逆ギレ"的な発言を行った様子が全国ネットで放送され、これがインターネット上の動画サイトに投稿され、同社はもとより代表者個人への誹謗中傷が相次ぎました。

【考察】

　この事件では、飲食チェーンで発生した食中毒によって、幼い子供やお年寄りが死亡するという外食産業の根幹を揺るがしかねない大きな事件であったこともさることながら、企業のトップの"失言"とも言うべき対応によって、企業、代表者個人への誹謗中傷被害が生じた実例です。

　その後、同代表者は、従前の"逆ギレ"的発言によって生じたネットトラ

ブルとその他の社会的非難に対応すべく、再度の記者会見にて土下座をするなど、真摯な反省の演出を試みましたが、"時既に遅し"であり、「一度失った信用、顧客」、「発生した誹謗中傷、風評」をリカバーできず、結局は、廃業に至っています。

　事件自体は、飲食業界に対する消費者の信頼を裏切る許容すべからざるものであり、適正な調査と法の執行が望まれるところですが、後述のとおり、もう少し、プレスリリースなどの広報活動に工夫をすることにより避けることができたネットトラブルであったとも考えられます。

## 「九州電力・やらせメール」ネットトラブル事件
【事件の概要】

　平成23年6月26日、佐賀県東松浦郡玄海町所在の玄海原子力発電所の再稼働に向けた経済産業省主催の説明会が開催されました。
　この説明会は、地元のケーブルテレビとネット動画ライブ中継で放映され、視聴者から電子メールとファックスで意見を募集するというものでしたが、これに先立つ前日の夜、福岡県在住の男性が、自身のブログに、
「あすの玄海原発説明会、九電がグループあげて佐賀県民を装って発電再開容認のメールを発信せよと半ば「業務命令」こんなことは許されないぞ！」
と、九州電力関係者による「やらせ」が行われる可能性があることを書込み、また、自身のツイッターアカウントからこのブログの見出しなどをツイートしました。なお、この男性は、前日に参加した小学校の行事で、九州電力関係会社に勤務する子供の友人の父親から、当該情報を"ぐち"として聞かされたとのことでした。

〈九州電力がグループ企業の従業員に送信した「やらせメール」〉

【ご依頼】国主催の佐賀県民向け説明会へのネット参加について

協力会社本店　各位

平素よりお世話になっております。
メール投げ込みにて失礼を致します。
標記については、報道等により今週末に開催される旨、既にご承知のことと存じます。

● 件　名：国主催による佐賀県民向け説明会（原子力発電所の安全性）
● 日　時：平成23年6月26日（日）午前（10時〜11時30分の予定）
● 内　容：説明会の方式は国が調整中。混乱を避けるため、県民、4、5人が経産省原子力安全・保安院と資源エネルギー庁の担当者から説明を受け、疑問点や不安に思う点などを質疑する予定。

●配　信：①やり取りはケーブルテレビとインターネットで生中継され、視聴者からの質問もファクスや電子メールで同時に受け。
　　　　②アクセス可能なwebsiteアドレスは、現時点で未公開ですが、佐賀県庁HPや経産省HPに掲載予定。あるいは、Ustreamにて"genkai"あるいは"玄海"等で検索することによりアクセス可能。
　　　　③小職にて、継続してサーベイし、判明次第、追って追伸予定。

●その他：
　　　　　　　　　　　　　　　（略）

本件については、我々のみならず協力会社におかれましても、極めて重大な関心事であることから、万難を排してその対応に当たることが重要と考えております。

つきましては、各位他関係者に対して、説明会開催についてご周知いただくとともに、可能な範囲で、当日ネット参加へのご協力＊をご依頼いただきますよう、御願い致します。

　＊　説明会ライブ配信websiteにアクセスの上、説明会の進行に応じて、発電再開容認の一国民の立場から、真摯に、かつ県民の共感を得うるような意見や質問を発信。

なお、会社のＰＣでは処理能力が低いこと等から、是非、ご自宅等のＰＣからのアクセスを御願い致します。

また、ネット参加に当たっては、接続後アカウントの取得等操作が必要になりますので、ご承知置きください。

　　　　　　　　　　　　　　　　　　　　　　　　　　　　　　　以上

日本経済新聞電子版　平成23年7月7日記事より

　説明会自体は、特段の混乱もなく終了しましたが、同年7月2日、日本共産党の機関紙「赤旗」が、九州電力関係者による「やらせ」の存在を報じ、また同党の国会議員が国会にてこの問題を取り上げるなどしました。この後、九州電力の眞部代表取締役（当時）は、実際に「原発を容認するメール」などを送信した九州電力従業員、子会社・取引先関係者は141人であり、これらは組織的対応であったことを認め、謝罪しました。

【考察】
　平成23年3月、福島県双葉郡所在の福島第一原子力発電所で日本の行く末を憂うほどの大事件が発生したばかりの時期の「電力会社の不祥事」だけに、インターネットも含めた九州電力及び関係会社への誹謗中傷は激しく、さらには、前記の福岡県在住の男性のブログをきっかけに政治問題にまで発展するに至りました。

一連の経緯をみれば、このような大事件が、福岡県在住の一人の人物のインターネット利用がその暴露の端緒となったと言っても過言ではなく、この事件は、インターネットが潜在的に有する影響力をつぶさに教えてくれます。
　また、本書との関係で言えば、「企業の不祥事」の暴露が、これまでの「プロの記者によるスクープ」だけではなく、一般人、しかも一個人によるインターネット利用も端緒となり得ることを教えてくれますし、同じく、ネットトラブル発生も、一個人の何気ないインターネット利用が端緒となる可能性、そしてその"爆発力"の大きさも示唆しております。

## ●「UCC上島珈琲・ツイート」ネットトラブル事件
【事件の概要】

　UCC上島珈琲株式会社は、毎年行っている、コーヒーにまつわるエッセイを募集する『UCC"グッドコーヒースマイル"キャンペーン』の応募件数を増加するために、平成22年2月5日午前10時、ツイッターのｂｏｔ機能を利用して、合計536人に、
「コーヒーにまつわるエッセイとアートを募集中！エッセイで賞金200万円！アートで賞金100万円！締切間近！」
というツイートを投稿しました。

　これらのツイートを受信したツイッターユーザーは、即座に、「これっていいのか？」、「炎上必至」といった否定的な反応を示し、「UCC」に「ハッシュタグ（#付きのキーワードが検索画面などで一覧できるようになり、同じ趣味のツイッターユーザーの意見などを検索し易くする機能）」を付けて上記ツイートを非難するリツイート（注：「転送メール」のようなもの）を繰り返し、いわゆる"拡散"の様相をみせました。

　その結果、UCC社による投稿開始からわずか3時間後の午後1時には、UCC社の当該ツイートを非難する内容のUCC関連投稿が2000件を超え、関係者からの連絡を受けた同社は、同日午後3時20分、ウェブサイト上に、今般の「了承を得ていないツイッターユーザーに対し、自動的に宣伝メッセージを送付したこと」に対する謝罪文を発表しました。

### 🔑 Keyword

**ｂｏｔ機能**
　定期的に各種の情報などを投稿したり、独自のキャラクターを創作し、あたかも現実の人間のように定期的に投稿したりする自動プログラム。UCCは、この機能を利用し、「コーヒー」、「懸賞」、「小説」といったキーワードが含まれるツイートをしているユーザーに対し上記宣伝文言を自動的に投稿した。

【考察】

　この事件は、偽装や隠蔽といった「企業の不祥事」ではありませんが、誤ったソーシャル・ネットワーク・メディア（SNS）マーケティングを行った結果、手痛い結果を招来してしまった点において注目されます。

　一見すると、ツイッター上の、単なる"ダイレクトメール"として、「見たくなければタイムライン（注：「受信トレイ」のようなもの）から削除すれば良い」程度の話であり、ネットトラブルに発展する理由がわからない、と思われる方もいるかもしれません。

　しかしながら、この事件は、インターネット上のいわゆる「コミュニティ」内の"慣習"の無視、マスマーケティングとソーシャル・ネットワーク・メディア（SNS）マーケティングの境界線の見誤り、といった極めて初歩的なミスによって発生したネットトラブルということができます。

　すなわち、ツイッターやfacebookといったソーシャル・ネットワーク・メディア（SNS）や、インターネット上の掲示板のようなコミュニティは、単に自分の意見を投稿して他の人間に読んでもらうだけの「ブログ」とは異なり、「他人との関わり合い」を前提とするものです。そして、およそ、「人の集まるところにルールあり」と言われるように、ツイッターやfacebookユーザーの中にも、必ず、「慣習」、「暗黙の規則」といったものが存在します。

　例えば、飲食店の中で、友人同士でサッカーの話で盛り上がっている時に、突然、「この度、商品を購入した方の中から、10人に商品券があたるキャンペーンをやっています。是非とも、ご参加ください。まず、この応募用紙に必要事項を記入し…」と、企業のキャンペーン関係者数人が割り込んできたら、話の腰を折られて憤慨するだけではなく、"内輪"だけの楽しみに突然乱入する彼らをみて、相当の違和感を覚えることでしょう。

　これと同様に、ツイッターユーザーは"何らかの共通の話題"でツイートを行っているわけですから、ここに脈絡もなく「宣伝文句」が飛び込んでくることを極度に嫌悪するわけです。

　今般のUCC社の事件は、まさにこのような「無差別に宣伝ツイートを行ってはならない」という「慣習」を理解せず、安易に、ツイッターを広告宣伝の一手段と捉えてしまった点に原因があったと考えることができます。

　なお、事件発生後のUCC社の広報活動（プレスリリースなど）としては、

その迅速性、実施した調査の正確性、再発防止の策定などの点において極めて優秀であったということができます。

〈ＵＣＣ社がウェブサイトに掲載した文章〉

2010年2月5日

お客様各位

UCC上島珈琲株式会社

　平素はUCC製品に格別のご愛顧を賜り厚くお礼申し上げます。
　この度、「UCC Good Coffee Smileキャンペーン：コーヒーストーリー（エッセイ）コーヒーアート作品募集！」の開始にあたり、Twitterを使用したPR活動を実施したところ、多くのTwitterユーザー様に弊社から同キャンペーンの告知が大量に送付されていることが判明致しました。ご迷惑をおかけしました皆様に深くお詫び申し上げます。
　弊社といたしましては、今後二度とこのような事態が生じないよう情報発信には細心の注意を払い、再発防止に万全を期す所存でございます。

記

1. 概　要：コーヒーをテーマにしたエッセイ・アートを募集する「第11回 UCC "Good Coffee Smile" キャンペーン（コーヒーストーリー大賞・コーヒーアート大賞）」の告知として、本日2月5日の午前10：00から、Twitterを使用した宣伝活動※を実施したところ、了承を得ていないユーザー様に対して、自動的に宣伝メッセージを送信し、多大なるご迷惑をおかけする事態が発生いたしました。

　　　　　※本宣伝活動の内容
　　　　　「コーヒー」「懸賞」などのキーワードが入ったツイート（つぶやき）を機械により判定し、自動的にbotと呼ばれるプログラムにより「@username」に向けて「コーヒーにまつわるエッセイとアートを募集中！エッセイで賞金200万円！アートで賞金100万円！締切間近！！」というメッセージを送る。

2. 問題点：・了承を得ていないユーザー様に対して、自動的に宣伝メッセージを送付したこと。
　　　　　・botが複数あることによって、同一文面を送り続けるというTwitterの規約に違反したこと。

3. 対応策：本宣伝活動は、2010年2月5日AM10時に開始しましたが、問題発覚が判明した同日正午には中止致しました。
　　　　　弊社では、今回の事態を深刻に受け止め、今後、社内管理体制並びに情報管理体制の徹底を図り、このような事態を起こさぬよう再発防止に全力を尽くして参る所存でございます。

以上

## ●「東芝・クレーマー」ネットトラブル事件
【事件の概要】

> まだインターネットの普及率が20％程度であった平成11年6月3日、家電メーカである株式会社東芝の「渉外監理室」の担当者が発した、
> 「お宅さんみたいのはね、お客さんじゃないんですよ。もう、クレーマーっちゅうの。お宅さんはね。じゃあ切りますよ、お宅さん、営業妨害だから」
> という主旨の音声が、東芝製品を購入した男性が開設しているウェブサイト上で公開されました。
> 　その後、同ウェブサイトへのアクセスが殺到し、東芝の当該対応を非難する男性に共感したインターネットユーザーなどがインターネット上の掲示板などで東芝を誹謗中傷したり、電子メールや電話で非難を繰り返す、といったネットトラブルに発展しました。
> 　東芝は、当初、裁判所に対し当該ウェブサイトの削除を求める仮処分手続を申し立てるなどして抗戦する構えをみせましたが、拡大し続ける非難を喫緊に払拭すべく、同年7月19日、記者会見を開き、前記男性に対し全面的な謝罪を行うに至りました。

【考察】

　製品購入者（ユーザー）とメーカー側のアフターサービス等をめぐるトラブルは、メーカーにとってはよくあることです。

　しかしながら、この事件は、今日のようにインターネットが全国民的に普及する幕開けの時代において、企業の顧客対応の在り方やプレスリリースなどの広報活動のあり方を、「ネットトラブル発生のリスク」から再構築する必要性を示した重要な例といえます。

　誰しもが簡単に情報を発信できる「双方向性メディア」であるインターネットによって、「企業の不祥事」は巧みに隠蔽されているものであったとしても、様々な箇所から漏洩し、様々な方法をもって"拡散"する可能性のあるものであることを十分に理解する必要があります。

## 2　派生型ネットトラブル

次に、昨今、新たなネットトラブルの類型として登場してきたのが「派生型ネットトラブル」です。

これは、企業自体には非がなくても、正社員やアルバイト、時として内定者の素行不良や社会的に許容されない言動により、企業がインターネット上での誹謗中傷などに巻き込まれる類型のネットトラブルです。

以下、「従業員の言動」が引き起こしたネットトラブルの実例を紹介します。

### ●「ウェスティンホテル東京・ツイート」ネットトラブル事件
【事件の概要】

> 平成23年1月11日、東京都恵比寿所在のウェスティンホテル東京内のレストランに勤務する女子大学生のアルバイト従業員が、休憩時間中に、その時食事に来ていたプロサッカー選手とファッションモデルについて、
> 「○○と△△がご来店。△△まじ顔ちっちゃくて可愛かった・・・今日は2人で泊まるらしいよお、これは・・・（どきどき笑）」
> というツイートを投稿しました。
> 　当時、2人の交際関係は知られておらず、当該ツイートに対する反応は大きく且つ素早く、リツイートにリツイートが重なり、新年早々の芸能ニュースとしてトップ記事にまで至りました。
> 　当初は、2人の交際に関する感想など、ゴシップ的な投稿から始まりましたが、すぐに、「ホテルの従業員が客の情報を開示するのは問題である」といった、極めて妥当な意見が出され、また、インターネット上ではウェスティンホテル東京に対し、「早くアルバイトをくびにしろ」、「二度と行くか」、「ダダ漏れミシュラン（注：当該レストランは、ミシュランガイドブック東京における優良店舗を示す"一つ星"にランクインされている）」といった非難が相次ぎました。
> 　これに対しウェスティンホテル東京は、この事件が「Yahoo! ニュース」で取り上げられた1月12日の夜、ホテル総支配人名義で、同ホテルウェブサイトに、上記2人に対する謝罪と再発防止に関する文言を掲載

し、事態の収束を図りました。

【考察】
　"顧客の信用・信頼が全て"ともいえるホテル業界において、顧客情報の漏洩は死活問題につながります。もっとも、ツイートしたアルバイトの女子大学生は、ホテルの評判を落とすためという目的に基づいてツイートしたわけではありません。

　おそらく、当該女子大学生には、その日に体験したことを、休憩時間に携帯電話等を利用して友達に"メールする"程度の感覚しか持ち合わせていなかったのではないかと思われます。

　すなわち、昨今の携帯電話の機能の進化とソーシャル・ネットワーク・メディア（SNS）の発展により、特段の労なく携帯電話からソーシャル・ネットワーク・メディア（SNS）にアクセスし、情報を簡単に掲載することが可能となった結果、自身の行っている行為とその行為が招来するネットトラブルを想定せずに（インターネット上に掲載することにより、物理的には、情報が瞬時に全世界に拡散し、インターネットユーザーの共通情報となる可能性があることを想定せずに）、「情報拡散行為」に及んでしまっているのです。

　そして、プライベートを暴露された2人が被害者であることは当然としても、採用時に守秘義務誓約書を徴収したり、適切なホテルマン（ウーマン）教育を施していたにもかかわらず、当該事件を引き起こした従業員の行為がきっかけでインターネット上の誹謗中傷がホテル自体にも及んでしまうという点では、ホテル自体も、このようなネットトラブルの被害者としての一面を有することとなります。

　後述（第3章第3節）の従業員教育の再構築の必要性が叫ばれる所以です。

## ●「三越伊勢丹・内定者暴言」ネットトラブル事件

**【事件の概要】**

> 　平成23年1月1日深夜、立教大学の4年生の男子大学生が、飲食店で女性に酒を飲ませて泥酔させ、ホテルにて集団で暴行に及ぶという事件が発生しました。
> 　同年2月、同じ立教大学の4年生の男子大学生が、当該暴行事件について、
> 「立教生がねー。別に悪いと思わないね。皆同じようなことしてんじゃん。飲み会で勢いでキスしちゃったーとかと変わんねーよ」
> という内容のツイートを投稿しました。
> 　発言内容の評価はさておくとして、当然のことながら、当該ツイートに対しては厳しい非難がなされ、インターネット上の掲示板でも、同人を非難することを目的とする多くのスレッド（掲示板）が設置されるに至りました。
> 　同男子大学生は、ツイッターのプロフィール欄に、実名のほか、4月から三越伊勢丹に勤務する内定者であることも公開していたため、今度は、当該内定先である三越伊勢丹に対しても「内定を取り消せ」といったクレームや、採用基準を疑問視するなどの誹謗中傷が相次ぎました。
> 　なお、この件に関し、三越伊勢丹は、特段のコメント等を発表していません。

**【考察】**

　この事件は、まだ内定段階で従業員教育も行っておらず、企業として、就職前の当該男子大学生の活動を制限する術もない状態でおきた、いわば"とばっちり"的なネットトラブルの最たる例です。

　企業にとってみれば、あまりにも理不尽な巻き込まれ方ですが、確かに、採用にあたり、当該男子大学生の日常の言動を見抜けなかったのか、という非難には一理あり、現在、企業側にとって"買い手市場"の就職状況において、その採用基準を問われかねない事件であったとも考えられます。

## ●「TSUTAYA・不謹慎ツイート」ネットトラブル事件
【事件の概要】

> 　平成23年3月11日、未曾有の大地震が東北地方を襲いましたが、レンタルショップ大手のTSUTAYAのアルバイト従業員が、調布国領店等の公式ツイッターアカウントを利用し、
> 「テレビは地震ばっかりでつまらない、そんなあなた、ご来店お待ちしています！」
> というツイートを投稿しました。
> 　その後、当該ツイートを「不謹慎である」と非難するリツイート等が繰り返し行われ、結局、同日中に謝罪のツイートがなされるに至りました。

【考察】

　当時は、テレビCMをはじめ、各種行事や催しごとが全て"自粛"の状況であり、企業や各団体は"目立つ"行動を極力控えている時期でした。

　このような状況の中で、アルバイト従業員当人は、おそらく、顧客に対し一種の安心感を与えようとしてこのようなツイートに及んだものと思われます。

　しかしながら、四囲の状況、国民感情、社会の風潮等からして、控えるべき発言（ツイート）はどの時期にも一つか二つは存在することは確かであり、今般の大地震の被害の甚大さを考えれば、避けられたネットトラブルといえます。

　この事件で留意すべきは、「TSUTAYA」というレンタル業界王手のブランドであっても、一人のアルバイト従業員の不注意とも言えるツイートによって脆くも崩壊してしまうリスクがあるという点です。

　その企業、店舗の公式ツイッターアカウントからのツイートであれば、ツイッターユーザーからみれば、当然、その企業、店舗の「公式発言」と認識します。

　昨年8月、北海道長万部町の公式キャラクター、「まんべくん」が、自身

のツイッターアカウントを利用し、太平洋戦争について、
「どう見ても日本の侵略戦争が全てのはじまりです。ありがとうございました。」
等、政治的意見の表明とも考えられるツイートを繰り返して（一時、9万人以上のフォロワーを獲得していた）話題になった事件がありましたが、これも、長万部町の公式キャラクターのツイートともなれば、「長万部町の公式見解」と捉えられる可能性がある、という点から問題化したものです。

　後述（第3章第3節）の、企業等がソーシャル・ネットワーク・メディア（ＳＮＳ）を利用する際の管理態勢の必要性を再認識させられる事件といえます。

## ●「アディダス・新人従業員ツイート」ネットトラブル事件
【事件の概要】

　平成23年5月16日、スポーツ用品大手のアディダス銀座店を訪問したプロサッカー選手夫婦について、同店舗に4月に配属されたばかりの新人従業員が、その様子を自身のアカウントでツイートしました。

　いわゆる"人目を憚る"来店ではなかったという点では前述の「ウェスティンホテル東京・ツイート」ネットトラブル事件と異なりますが、イベント等の公式訪問ではなくプライベートの来店であったことには変わりなく、さらには、

「帰化したから○○かw△△劣化版みたいな男が□□劣化版みたいな女連れてきたよwとりあえずデカイね、ホントにwww」

などと、差別的発言とも捉えかねないツイート内容であったことから、即座に、当該新人従業員を非難するインターネット上の掲示板が立ち上げられ、2ちゃんねるでも1週間近く"祭り"が続きました。

　さらには、アディダス社は日本代表チームのオフィシャルユニフォームを提供している企業であることから、サッカーファンや、またサッカーファンでなくても、アディダス社従業員としての資質を疑う言動を行った新人従業員に対する憤りは強く、その憤りは、アディダス社の新人教育に対する姿勢等にも"飛び火"しました。

　その後、アディダス社は、平成23年5月19日、自社のウェブサイトに謝罪文を掲載するに至りました。

【考察】

　前記「ウェスティンホテル東京・ツイート」ネットトラブル事件と同様に、従業員の軽率な行動によって発生したネットトラブルですし、また、公式ツイッターアカウントではなかったとはいえ、「日本代表チームのオフィシャルユニフォームを提供しているアディダス社の従業員の発言」、という観点からみれば、純粋に「個人の問題」として片づけられない問題です。

　後述（第3章第3節）のように、従業員によるソーシャル・ネットワーク・

メディア（SNS）利用に関する「ガイドライン」等の早急な策定が求められるところです。

## 3　害意型ネットトラブル

　最後に、「企業の不祥事」等、その端緒において、企業側に非がある事件の場合であっても、また、そうでなくても、「不特定多数の人物」からの非難等を内容とするネットトラブルとは異なり、特定の個人や、一定の範囲の者の「故意」行動によって行われる"執拗な"誹謗中傷行為、名誉毀損行為、迷惑行為があります。

　これらの「害意型ネットトラブル」は、時に刑事事件など、重篤な事件にまで発展することもありますので、前記2つのタイプのネットトラブルとはおのずと対応方法も異なります。

### ●「動物病院・中傷」ネットトラブル事件
【事件の概要】

> 　平成13年1月頃、T動物病院が、インターネット上の掲示板（2ちゃんねる）において、病院名が特定される情報が書き込まれ、その上で、「過剰診療、誤診」、「えげつない病院」、「ヤブ医者」、「精神異常」、「動物実験はやめて下さい」、「責任感のかけらもない」「不潔」、「氏ね（注：「死ね」の意味）」、「被害者友の会」、「腐敗臭」、「ホント酷い所だ」、「ずるがしこい」、「臭い」などといった書込みがされる事件が発生しました。
> 
> 　これに対し、当該病院は、当該掲示板の管理者が直ちに上記書込みを削除せず、削除依頼にも応じなかったことを理由に、管理者に対し損害賠償請求訴訟を提起しました。その結果、裁判所は上記書込みを「名誉毀損的発言」であると認定した上で、「掲示板の運営・管理者は，他人の名誉を毀損する書き込みがあることを知った場合、直ちに書込み削除などの措置を取る条理上の義務を負っている」として、管理人に対し400万円の損害賠償金を支払うよう命じました。

〈「動物病院事件」東京高等裁判所判決〉

東京高等裁判所判決／平成14年（ネ）第4083号
【判決日付】平成14年12月25日

（抜粋）

　被控訴人Aは，動物病院の経営等を目的とする有限会社であるところ，本件各名誉毀損発言は，いずれも（省略）の告発を目的とするスレッドにおいて，被控訴人Aの経営体制，施設等を誹謗中傷するとともに，その代表者で院長である獣医の被控訴人Bの診療態度，診療方針，能力，人格等を誹謗中傷するものでもあり，被控訴人Aと被控訴人Bの両名に対して向けられたものであって，被控訴人ら両名の社会的評価を低下させるものといえる。

　控訴人は，本件掲示板上の発言を削除する基準（削除ガイドライン），削除依頼の方法等について定め，自己の判断で削除人を選任し，削除ガイドラインに従って発言を削除させ，あるいは削除人の削除権を剥奪するなどして，本件掲示板を管理運営している者であるから，本件掲示板における発言を削除する権限は最終的には控訴人に帰属しているものと認められる。

　本件掲示板が，現在，新しいメディアとして広く世に受け入れられ，極めて多数の者によって利用されており，大方，控訴人の開設意図に沿って適切に利用されていることは，本件の各証拠並びに弁論の全趣旨に照らして容易に推認し得るところであるが，他方，本件掲示板は，匿名で利用することが可能であり，その匿名性のゆえに規範意識の鈍麻した者によって無責任に他人の権利を侵害する発言が書き込まれる危険性が少なからずあることも前記のとおりである。そして，本件掲示板では，そのような発言によって被害を受けた者がその発言者を特定してその責任を追及することは事実上不可能になっており，本件掲示板に書き込まれた発言を削除し得るのは，本件掲示板を開設し，これを管理運営する控訴人のみであるというのである。このような諸事情を勘案すると，匿名性という本件掲示板の特性を標榜して匿名による発言を誘引している控訴人には，利用者に注意を喚起するなどして本件掲示板に他人の権利を侵害する発言が書き込まれないようにするとともに，そのような発言が書き込まれたときには，被害者の被害が拡大しないようにするため直ちにこれを削除する義務があるものというべきである。

　本件掲示板にも，不適切な発言を削除するシステムが一応設けられているが，前記のとおり，これは，削除の基準があいまいである上，削除人もボランティアであって不適切な発言が削除されるか否かは予測が困難であり，しかも，控訴人が設けたルールに従わなければ削除が実行されないなど，被害者の救済手段としては極めて不十分なものである。現に，被控訴人Bは，本件掲示板に本件各発言の削除を求めたが，削除してもらえず，本件訴訟に至ってもなお削除がされていない。したがって，このような削除のシステムがあるからといって，控訴人の責

> 任が左右されるものではない。また，控訴人は，本件掲示板を利用する第三者との間で格別の契約関係は結んでおらず，対価の支払も受けていないが，これによっても控訴人の責任は左右されない。無責任な第三者の発言を誘引することによって他人に被害が発生する危険があり，被害者自らが発言者に対して被害回復の措置を講じ得ないような本件掲示板を開設し，管理運営している以上，その開設者たる控訴人自身が被害の発生を防止すべき責任を負うのはやむを得ないことというべきであるからである。

## 【考察】

インターネット上の掲示板での誹謗中傷行為が、一般に認識され始めた頃の事件です。

特定の人物が特定の企業（病院）に対しインターネット上で誹謗中傷行為を行い、これを削除しなかったことを理由に損害賠償が認められた事件です。後述のプロバイダ責任制限法施行前に言い渡された判決として、ネットトラブル対策の在り方に、一定のメルクマールを与えることとなりました。

## ●「ラーメンチェーン店」ネットトラブル事件
【事件の概要】

> 平成14年10月頃、「K」等のラーメン屋チェーンを展開しているG社が新興宗教団体の一つであるH及びその関係者と密接な関係がある旨の書込みが、とあるウェブサイトに投稿され、その後も、当該ラーメン屋チェーンとHとの関係を摘示する内容の書込みが続きました。
> これに対し、G社側は、平成15年2月、名誉毀損と業務妨害を理由に民事訴訟を提起し、当該事件は高等裁判所まで係属した結果、平成17年5月、上記ウェブサイト管理者に77万円の支払を命じる旨の判決が確定しました。
> さらに、G社側からの刑事告訴により、平成16年12月、前記ウェブサイト管理者は名誉毀損罪で起訴されました。一審では無罪判決が下されましたが、その後、控訴審で罰金30万円の有罪判決がなされ、最終的に平成22年3月、最高裁にて当該有罪判決が確定することとなりました。

【考察】

　自ら運営・管理するウェブサイトに他人の名誉を毀損する表現や業務妨害となる表現を記載した事件で、民事、刑事の両方の事件に至ったものです。注目すべきは、解決に至るまでに要した時間です。G社が、平成14年に発生したネットトラブルに関する民事訴訟を提起し、高等裁判所における77万円の支払を命じる判決が確定するまでに要した期間が約3年、同社が刑事告訴を行い、加害者に罰金30万円の刑が確定するまで約7年という期間を要しています。

　もちろん、上記解決に至るまでに要した「費用」は、加害者に科せられた罰金の額より高額でしょうし、民事訴訟で認められた損害金77万円でまかなえるものでもありません。

　このように、ネットトラブルに対する「事後の法的対応」の困難さを理解する上で参考となる事件といえます。

## ●「外山不動産・人違い」ネットトラブル事件
【事件の概要】

> 平成22年8月、札幌市中央区の路上で、女性2人が暴行目的で相次いで襲われ一人が死亡した事件が発生しましたが、その後、殺人容疑などで逮捕された容疑者と同じ名字を商号とする江別市内の不動産業者「外山不動産」が、インターネットの掲示板などで殺人事件と関係があるかのような書込みを受けるといった事件が発生しました。
> 　上記事件発生後、「外山K（23）」が逮捕されましたが、同社との間には、何らの関係もないにもかかわらず、当該逮捕直後から、インターネット上の掲示板に、「容疑者は外山不動産の息子」などと、繰り返し書込まれ、いわれのない誹謗中傷を受けました。
> 　上記投稿は上記殺人事件直後から始まっていたとのことですが、外山不動産は、平成22年9月中旬に取引先からの連絡を受けるまで全く気づかず、既に広まってしまった虚偽の情報を訂正するため、チラシ作成代などで200万円以上の費用が発生しました。

【考察】
　この事件は、ネットトラブルに巻き込まれた外山不動産（の家族）にとってみれば、全く非がありません。"言いがかり"的に発生した事件であり、少し調べれば別人であることが判明する状況下で行われた各種書込みには、同姓同名であることを奇貨とする加害者の"害意"すら感じられます。
　この事件からは、ネットトラブルが、被害者に「非」があるかないかは別にしても、通常の営業活動を行う全くの一般企業、一般人すら、いつでも巻き込まれる可能性のある種類の事件であることを改めて認識させられます。
　なお、このようなネットトラブルの特性を理解した上で、後述（第3章第1節）のとおり、企業における日常業務としての認知・発見作業が重要視される所以です。

## ●「イオンファンタジー・取締役なりすましツイッター」ネットトラブル事件
【事件の概要】

> 　平成23年4月6日、イオングループ企業である株式会社イオンファンタジー取締役を名乗り、同社の実在する取締役の氏名を使用したツイッターアカウントから、
> 「同じ経営者としてちょっと失望。どういうリターンがあると考えておられるのやら。投資家としては無いかなあと」
> というツイートが投稿されました。
> 　これは、東日本大震災の義援金として自身の資産から100億円を寄附する旨の発表を行ったソフトバンク株式会社の孫正義氏の行動についての批評であり、当該ツイートを見た孫正義氏は、当該ツイートにリツイートする形で「投資家失格でも構わない」と返信しました。
> 　当時、孫正義氏のフォロワーは100万人を超えていたことから、同氏のリツイートの結果、イオンファンタジー社の取締役を名乗る者の上記ツイーは、実に100万人近くのツイッターユーザーの目にとまることとなりました。
> 　その後、当該ツイートに興味をもったツイッターユーザーがイオンファンタジー社の取締役を名乗る者の過去のツイートを検索したところ、知的障害者を中傷するツイートや、大震災の被災者をからかう内容のツイート、また、イオングループの「公式見解」と称するツイートなどが投稿されていたことが判明しました。
> 　その結果、2ちゃんねるをはじめインターネット上の掲示板等で、イオンファンタジー社の取締役を名乗る者に対する"祭り"がはじまり、また、上記フォロワーの一人が、イオングループのPV（プライベートブランド）である「TOPVALU」のツイッターアカウントに対し前記ツイートと孫正義氏のリツイートに関する情報を提供したことから、イオングループ内でも問題化しました。
> 　当該情報を得たイオンファンタジー社は、直ちに、新規のツイッターアカウント（@aeonfantasy）を開設し、取締役を名乗る者が同社とは無関係であることを表明しました。

〈イオングループ取締役を称する人物のツイート〉

> グルーポンについてそろそろ、**イオンファンタジーとしての公式見解を**．経営者視点でみると、おせちの内容はわりとよくあるクレームの類で、それよりも**50%の取り分という数字がバレたのが痛い**なあ、と #masason
> kataokanao
> 2011-02-20 11:02:20

> うちの近くのそこそこ豪華な新築マンションに越して来た住人の子供が知的障害を持っているらしく、マンションの前でウロウロしていてちょっと迷惑。せっかくマンションかってもこれじゃあ負け組みといわざるを得ませんよね #masason
> kataokanao
> 2011-02-24 00:30:29

> イオングループでは東北地方の雇用事情悪化対策として、イタコの口寄せ士として失業者を一定期間雇用することを決定。震災で亡くなった方とのふれあいを通じて生者と死者のwin-winな関係を目指す模様 #aprilfool #masason
> kataokanao
> 2011-04-01 00:23:49

> さて、ここらで物申しておきますか。孫氏の**100億円寄付と報酬全額寄付について**ですが、同じ経営者としてちょっと失望。災害は大変悲しいできことですが、それとビジネスは別物。どういうリターンがあると考えておられるのやら。経営者としては1流でも投資家としては無いかなあと。#masason
> kataokanao
> 2011-04-06 22:08:20

> **投資家失格でも構わない。**RT @kataokanao 孫氏の100億円寄付と報酬全額寄付、同じ経営者としてちょっと失望。災害は大変悲しいできことですが、それとビジネスは別物。どういうリターンが…。経営者としては1流でも投資家としては無いかなあと。
> masason
> 2011-04-06 23:31:09

### 【考察】

　この事件は、"なりすまし"によるネットトラブルの最たる例ということができます。イオンファンタジー社の取締役を名乗る者の実像は不明ですが、過去のツイートには内部情報とも思われるものもあったため、イオンファンタジー社内部の者である可能性も指摘されたりしましたが、いずれにせよ、取締役本人ではなかったことは明確であり、ツイート内容からは、イオングループのイメージダウンを図ることを目的とした「故意」による行動であることもまた明らかでした。

　現在、ツイッターアカウントを開設するにあたり、本人、または実在の人

物であることの確認がなされておらず、他人を騙ってアカウントを作成することが可能なことから、このようななりすましによるネットトラブルを防止するためには、特に、企業における日常業務としての認知・発見作業が重要となることでしょう。

なお、このツイッターアカウント"なりすまし"事件は、海外でもツイッターサービスの開始時から存在しているようです。特に、大リーグ球団のカーディナルスの監督であったトニー・ラ・ルーサ氏の"なりすまし"が登場した際は、同氏がツイッターを運営する米国ツイッター社に対し損害賠償を求めて訴訟提起するといった事件にも発展したりしています。

> **Keyword**
>
> **Verified Account**
> 現在、ツイッター社は、ツイッターに「Verified Account（認証済みアカウント）」機能を追加し、一定程度、"なりすまし"を予防しています。この機能は、ツイッター社が"なりすまし"の対象となる可能性があると判断した著名人に対し、ツイッターアカウント開設の有無を確認し、ツイッター社によって本人確認がなされた場合、ツイッターアカウントのプロフィール欄に「本人であることの認証」が表示される機能です。

● 「ニュースあさひドットコム・なりすまし」ネットトラブル事件
【事件の概要】

　平成23年12月18日、インターネットニュース「ニュースあさひドットコム（news-asahi.com）」に、「野田総理、韓国へ慰安婦像７体を寄贈」というタイトルで、「2011年12月18日午前、京都市の京都迎賓館で野田佳彦首相と李明博（イ・ミョンバク）大統領の首脳会談が行われた。李大統領がいわゆる従軍慰安婦問題に言及したのに対し、野田首相は「法的には決着済み」との考えを示した。それに対し大統領は、誠実な対応を取らなかった場合、第二第三の象（原文ママ）が建つ」と警告した。それを受けた野田首相は、会談後、関係各所に指示をだし、慰安婦像７体を制作し、韓国大統領官邸へ送ることを指示。意図の見えない総理の行動に、関係者およびマスコミ関係者からもからも怒りの声が噴出した。」という記事が掲載されました。

　これは、同日、日本を訪問していた韓国のイ・ミョンバク大統領が、先般、韓国の日本大使館前に設置された従軍慰安婦を象徴するかの如き少女の像を引き合いに「日本政府がもう少し関心を見せてくれれば起こらなかった」、「誠意ある措置がなければ第２、第３の像が建つ」旨の発言したことが報道されたことを受け、「ニュースあさひドットコム（news-asahi.com）」を運営・管理する株式会社朝日新聞社ではない者によって作成された全くの偽ウェブサイトです。

　当該ウェブサイトがインターネットに掲載された後、ツイッターアカウント「@newsasahicom」を称する人物が、
「いたずら終了しますー。ご迷惑おかけしました」
というツイートを投稿し、また、朝日新聞社のツイッターアカウントにも謝罪文を送付した旨を投稿しました。

　同人によるツイート等によれば、ツイッターを通じ、予想を上回るペースで上記ウェブサイトが"拡散"し、ウェブサイト開設後５時間が経過した時点で約10万人によって閲覧されたとのことです。

**【考察】**
　この事件は、ウェブサイト内の「リンク先」をクリックすると、"閲覧した者を冷やかす内容の作成者メッセージ"が表示されるようになっていたりしたことからすると、ウェブサイトを閲覧した人が驚愕したり慌てふためいたりする様子を面白がることを目的とする"愉快犯"的な要素があります。

〈偽ウェブサイト内の各「リンク先」をクリックすることで表れる画像〉

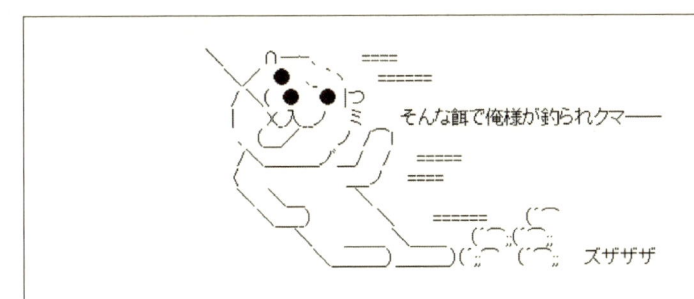

```
              ∩___∩
              | ノ      ヽ    ====
             /  ●   ● |   ======
             |    ( _●_)  ミ  そんな餌で俺様が釣られクマ──
            彡､   |∪|  ､`＼
           / __  ヽノ /´>  )   =====
          (___)    / (_／    ====
           |       /
           |  ／＼ ＼         _____
           | /    )  )      (⌒ ⌒ ヽ
           ∪    (  ＼     (´⌒  ⌒  ⌒ヾ  ズザザザ
                  ＼_)    ヾ⌒ ⌒ ⌒ ⌒〃
```

ブログ作りました。http://b.news-asahi.com/
お祭り終了します。
皆様に楽しんでいただけて幸いです
釣られたクマーな方は、URL見たりして確認することをお勧めします。
後で@asahiさんにごめんなさいしてきます。
また何かありましたらよろ憎しくお願いします。

序章　課題概要と全体構造　35

〈偽asahi.comサイト事件〉 （偽）

# 野田総理、韓国へ慰安婦像7体を寄贈

2011年12月18日午前、京都市の京都迎賓館でで野田佳彦首相と李明博（イ・ミョンバク）大統領の首脳会談が行われた。李大統領がいわゆる従軍慰安婦問題に言及したのに対し、野田首相は「法的には決着済み」との考えを示した。

それに対し大統領は、誠実な対応を取らなかった場合、第二第三の象が建つ、と警告した。

それを受けた野田首相は、会談後、関係各所に指示をだし、慰安婦像7体を制作し、韓国大統領官邸へ送ることを指示。

意図の見えない総理の行動に、関係者およびマスコミ関係者からもかもも怒りの声が噴出した。

(正)

# パナソニック、有機ELテレビに参入へ　数年内に発売

関連トピックス　　パナソニック

　パナソニックの大坪文雄社長は10日、世界最大の家電見本市「CES」が開かれている米ラスベガスで報道陣の取材に応じ、高画質で薄い次世代技術「有機EL」の大型テレビを数年内に発売する意向を示した。

　有機ELテレビは、先行する韓国企業が年内の発売を計画している。このため、パナソニックも有力な次世代テレビとして商品化が欠かせないと判断し、参入することにした。

　大坪社長はこの日、有機ELテレビにつかうパネルの開発について「研究所の段階では大型化にめどがついた」と明らかにした。発売時期は明言しなかったが、「市場が広がる2015年よりは早くないといけない」と語った。

しかしながら、当該ウェブサイトが、当時の「アサヒ．コム（asahi.com）」ウェブサイト（現：朝日新聞デジタル）と比較しても実に精巧に作成されており、事実、「アサヒ．コム（asahi.com）」の記事であると誤解した人もいるでしょうし、また、日本と韓国の間で歴史認識に乖離がある「従軍慰安婦」について韓国側を擁護するかのような内容の創作記事であっただけに、朝日新聞社のイメージに対し一定の影響を与えたことは確かですので、決して許容されるものではありません。

今回は、ニュースを配信する企業のウェブサイトの問題でしたが、「企業のウェブサイト」でも同様の偽ウェブサイト問題が生じる可能性がありますので、全く予防策を講じないわけにはいかないことを喚起させてくれる事件です。

ところで、このような偽ウェブサイトで公開した者に対し、どのような法的責任を追及することができるのか検討してみます。

残念ながら、現行法では極めて困難であるといわざるを得ません。

"真似"をしていることは確かですが、そもそも、「ニュース記事」と各種の「広告」が貼り付けられただけの「ニュースあさひドットコム（news-asahi.com）」のウェブサイトに、思想や感情を創作的に表現した場合に認められる「著作権」があるのかどうか疑問ですので著作権法違反を問うことはできませんし（本書では、「著作物」の詳しい要件については割愛します）、「asahi.com」のロゴが商標登録されているわけではないので、商標権違反も追及できません。また、ドメインも、正しいものが「asahi.com」であるのに対し、偽ウェブサイトが「megalodon.jp」ですので、不正な目的での類似ドメインの使用を禁止する不正競争防止法を適用することもできません。

結局、現行法下では、"悪質な悪戯"として、一般的な不法行為責任（民法709条）を追及するしかないのかもしれません。

● 「フジテレビ・番組偏重」ネットトラブル事件
【事件の概要】

> フジテレビの報道内容については、平成12年開催の日韓ワールドカップの頃より、特に、インターネット上の掲示板等で「一部の国に偏った報道がなされている」等の指摘がなされていました。
> その後、平成23年7月に至り、俳優のTが、自身のブログやツイッターアカウントからフジテレビの報道内容や番組編成が韓国寄りである旨の意見を投稿したことをきっかけに、2ちゃんねるを中心としたインターネット上の掲示板等で、擁護派・賛同派と否定派に分かれた議論等が繰り返され（中には、一定の国の人々に対する単なる誹謗中傷も相当数含まれていました）、同年8月1日時点では、2ちゃんねるに522の関連スレッド（掲示板）が立ち並ぶなど、話題性を呼びました。
> このような「フジテレビ・番組偏重」が、インターネット上で注目を浴び始めた直後より、フジテレビには、番組編成や報道内容に関する苦情の電話が相次ぎ、また、インターネットを通じて、フジテレビの番組スポンサーである花王等の製品不買運動の呼びかけがなされるなど、大きなネットトラブルに発展しました。
> このような中、インターネットを通じ、港区台場にあるフジテレビ社屋前でのデモ活動が呼びかけられ、実際に、8月7日には2500人（主催者側発表）、同月21日にはのべ5300人（警察発表）が集まるなどして、このネットトラブルは社会問題化するに至りました（なお、このデモについては、インターネット上のニュースサイトでは大きく繰り返し取り上げられたものの、NHKを含め、民放ニュース系列局は一切報道しておりません）。

【考察】

　この事件は、様々な思想的政治的思惑等が絡みますので、本書で深入りすることは避けますが、ここでは、この一連のネットトラブルの"番外"で起きたネットトラブルの恐ろしさについて少し解説したいと思います。
　フジテレビ社屋前でデモが行われた当日、フジテレビ関係者と思われる人

物のツイッターアカウントから、
「韓国ドラマやめろとか言うけど、平日の夕方ってあんたら見てんの？　日本のアニメはスペインで同時４局くらいジャックしてるし！　数字が落ちれば、イヤでも再編成されますけど…？」
というツイートが投稿されました。

　インターネット上の"無責任な"意見の一つとして聞き流す程度のものとも思えましたが、どうやら、当該ツイートの言外に、「フジテレビを批判している人間のほとんどが、『平日の夕方』に何もせず、テレビばかりを見て過ごしているようなニートや既婚女性ばかりだろう」というニュアンスを含んでいると認識した人たちが、特に「あんたら」呼ばわりされたことを取り上げ、２ちゃんねるの「鬼女板」と呼ばれるカテゴリー内で当該ツイートを批判する議論が開始されました。

　ところで、ツイッターには「ＧＰＳを利用した現在地特定機能」がありますが、「鬼女板」では、当該情報をもとに、前記のツイートを投稿したフジテレビ関係者と思われる人物を特定する活動が行われました。特に、当該人物が自身のfacebookに掲載していた自宅周辺の写真等から住所等が割り出され、当該住所や氏名、家族の写真等がインターネット上に掲載されるまでに至りました。

　ここまで来ると、インターネット上の単なる"いじめ"とも思えてきますが、注目すべきは、インターネットを利用した情報収集能力の高さと正確性です。

　既に紹介した「ウェスティンホテル東京・ツイート」ネットトラブル事件や「三越伊勢丹内定者の暴言」ネットトラブル事件でも、ツイートした人間は、そのプロフィール情報等やかつて投稿したツイート内容等から住所、氏名、通学先、家族構成等が全て暴露されインターネット上に掲載されるといった被害を受けています。

　これらは、後述のネットトラブルの特徴の一つである"見えない高度な連携プレー"がなせる技と考えることもできます。

　インターネットには、様々な思想を持ち、様々なスキルを持ち、様々な場所に居住し、様々な経験を有する全世界の人物が常時アクセスすることが可能ですので、インターネット上に掲載された一枚の写真は、論理的には全世

界の人物によって閲覧される可能性を持つこととなります。

　そうすると、全世界の"誰か"は、必ず当該写真の撮影場所の近くに居住し、または立ち入った経験があり、場合によっては、撮影時間帯すら把握していることもあり、当該"誰か"の指摘によって様々な特定がなされるわけです（前記「フジテレビ関係者と思われる人物」の場合、自家用車の写真のボンネット部分に映った、わずかな「家並み」の様子から住所等が特定されたと言われています）。

　このように、「インターネット上で暴言を書き込んでも、どうせ、誰が書き込んだか判明するはずがない」という心理の下、不用意なツイート等をすると、恐ろしい"しっぺ返し"があることを常に認識しておかなければなりません。

## 🔑 Keyword

### 鬼女板

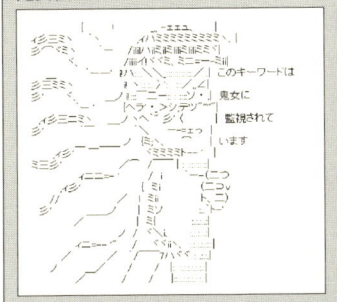

「鬼女」と呼ばれる方々に"注目されている"ことを示唆するときに登場するＡＡ

「鬼女」（きじょ）とは、２ちゃんねるユーザーの間で使用されているキーワードであり、「既婚女性」を意味する（読み方の「きこんじょせい」を頭文字に別な漢字をあてたもの）。そして、「鬼女板」は既婚女性が興味を持つ内容を題材としたスレッドの集合体を指す。

通常は、芸能人やテレビネタに関するゴシップ的な話題で盛り上がっているが、「女性を差別するかのような発言」、「世間的に（嫌われる意味で）注目されている女性」等に関しては、一種、異様な盛り上がりをみせており、また、一説では、"インターネットを利用する時間が長い"、"相応の金銭的余裕がある"、"婚姻前に一定のキャリアを経験している"方々が多いことから、既婚女性各自の高い情報収集能力によって集められた個々の小さな情報が、"見えない高度な連携プレー"により体系的に構築され、前述のように、写真一つで住所等を特定する能力を有するともいわれている。なお、２ちゃんねるでは、「鬼女」と呼ばれる方々に"注目されている"ことを示唆するときに登場するＡＡ（アスキーアート）が有名である。

## 第3節　ネットトラブルの特徴及び背景

### 1　高い匿名性・手段の簡易性が招く規範意識の欠如

　ネットトラブルの原因である「ネット攻撃」の特徴として、「高い匿名性」、「手段の簡易性」、「被害の把握・認識の困難性」、「迅速且つ効果的な事後対応の困難性」が挙げられます。

　ご存じのとおり、2ちゃんねる等のインターネット上の掲示板や、ツイッター、facebookなどのソーシャルネットワーキングサービス（ＳＮＳ）等は、「匿名」や「仮名」で参加することが可能であり、仮に、当該掲示板などに、個人を特定するための手がかり（ＩＰアドレスや電子メールアドレス）が表示された場合であっても、後述のとおり、各パソコンがインターネットに接続する際に使用されるＩＰアドレスや、電子メールアドレス自体から、「ネット攻撃」を行った者にたどりつくまでは、相当の手間と時間と費用がかかります。

　このように、「ネット攻撃」の最大の特徴は、攻撃を行っている者を特定しにくい、すなわち「高い匿名性」が保持されているという点にあります。

#### 🔑 Keyword

**ＩＰアドレス**

　ＩＰとは、「Internet Protocol」の略称であり、インターネットなど、ネットワーク上でのパソコンなどの機器間の通信に使用されているプロトコル（通信規約）を指します。

　その上で、ＩＰアドレスとは、インターネットや、イントラネット（注：社内など、限定された範囲でインターネット上の技術を利用し構築したネットワーク）などのＩＰネットワークに接続されたパソコンなどの通信機器1台1台に、ＩＰネットワークに接続する際に使用するプロバイダから割り振られた識別番号のことで、ネットワーク上における個々の通信機器の住所のようなものと考えることができます。

　したがって、後述のように、ホームページ作成者や掲示板への書込みを行った者に割り当てられたＩＰアドレスを特定することで、プロバイダから当該ＩＰアドレスに該当する者の情報を入手することもできます。

　なお、インターネット上では、このＩＰアドレスが重複するようなことがあってはならない、すなわち、複数の通信機器が同一のＩＰアドレスを保有してはならないとされていることから、ＩＰアドレスの割当など、ＩＰアドレスの管理は各国のネットワークインフォメーションセンター（ＮＩＣ）が一括して行っております。

　次に、前述（はじめに）のとおり、インターネット使用経験が実に92パー

セントを越すに至った今日、
　①　必要な情報を検索する、
　②　自分をアピールする、
　③　自分の考え方を伝える、
といった行動は、以前とは比較にならないくらい簡易、かつ容易な行動として認識されるようになりました。

　これに、前述の「高い匿名性」も相まった結果、「ネット攻撃」は、「炎天下の下、企業の社屋の前で、メガホンをもって、大声で、企業の誹謗中傷を行う」、「何百枚もの企業を誹謗中傷するビラを作成し、ばらまく」といった面倒くさい行為と異なり、「目の前のパソコンに向かって、いくつかの単語を並べ、書込みを完了するボタンを押すだけ」という、実に簡易、かつ容易な行動として理解されることとなったのです。

　ちょうど、若年層が、「覚せい剤はちょっと怖いけど、色がキレイな合成麻薬なんかは、ファッション感覚で試せるし、六本木や渋谷のクラブなんかで外国人に話しかければすぐに手に入るから」といった安易な考えの下、容易に違法薬物に手を出してしまう環境に似ていると考えることができます。

　そして、これらの「高い匿名性」と「手段の簡易性」は、「ネット攻撃」に対する規範的意識の欠缺、すなわちモラルの低下を招来します。

　異論はあるかと思いますが、
　①　人が見ていない、
　②　みんなもやっている、
　③　バレるはずがない、
といった三要素がある場合、人は、普段なら躊躇してしまう行為も、特段の罪悪感もなく敢行してしまう、という心理がはたらくことがあります。

　そして、「ネット攻撃」は、大抵、
　①　自宅などの誰もいない「個室」や、マンガ喫茶や深夜のオフィスといった人目を気にする必要のない場所や、また、そもそも人目を気にする必要性の低いスマートフォン等を利用して、
　②　他の掲示板の書込みやＳＮＳの投稿を見ても、皆、同じような書込み・投稿を行っているのを見ながら、
という状況の下、「書込み・投稿を行った者を特定できるはずもない」とい

った心理において敢行されるものです。

　このような場合、心理学的にも「当該行為を思い止まらせる期待可能性がない」状態に陥ることとなり、「高い匿名性」という特徴も相まって「ネット攻撃」を行ってはならない、という人間に与えられた規範に対する意識が薄れ、これに違反してしまう傾向にあるのです。

　さらには、前述の「ウェスティンホテル東京・ツイート」ネットトラブル事件や「アディダス・新人従業員ツイート」ネットトラブル事件などのような事件は、自分が、ネットトラブルを招来する危険性のある「ネット攻撃」、あるいは「ネット攻撃」の"種"となる行為を行っていることを全く自覚していないままに行われていると考えることができます。

　これが、まさに「高い匿名性」と「手段の簡易性」という特徴を有するネットトラブルの究極的な"姿"とさえ捉えることもできるでしょう。

## 2　被害の把握・認識の困難性

　次に、「ネット攻撃」の場合、企業自身が当該攻撃を認識するまで時間がかかってしまい、ネットトラブルを即座に把握・認識することが極めて困難であるという特徴があります。
　一見すると奇異に聞こえるかもしれませんが、例えば、ゲームソフトを批評するインターネット上の掲示板に、自社の新製品に関する投稿がなされた場合を仮定してみるとよくわかります。

【事例】

> 　ある時、当該掲示板に、
> 「A社の新しいゲームソフト『F』を制作したA社のXプロデューサーには詐欺と婦女暴行の前科がある。こんな奴が制作したゲームソフトなんかクズ同様。これを買うのは、奴に金を払うも同然。実際、中身も、100パーセント『D』の真似だし、絶対に買うな」
> といった書込みがなされたとされます。
> 　この掲示板は、ゲームソフトユーザーの間では人気があるものの、A社にとっては、無数にある掲示板の一つに過ぎず、いちいち、何が書込みされているかを確認することなど、ほぼ不可能です。そのような状況の下、当該掲示板では、「高い匿名性」という安心感、「手段の簡易性」という手軽感も手伝って、上記書込みに同調する責任のない書込みが続き、さらには、A社のほかのソフトウェアに対する誹謗中傷にまで発展し、結局、A社の売上は前年比で10パーセントも落ち込んでしまいました。

　しかしながら、自社の製品に対する誹謗中傷を受けたA社自身は、相当な日数が経過した後になって、ようやく「売上の低下」という被害を把握することができても、上記掲示板の存在すら知らないA社は、その被害をもたらした原因を突き止めることは不可能ですし、ようやく被害を認識した時点では、既に手遅れという場合もあります（床下や天井など、目に見えない場所で

発生した火災にしばらく気づかず、火災の発生を認識した時には、家中に火が廻り、既に手遅れになっている場合と同様に考えることができます）。

　このように、「インターネットを利用した企業に対する攻撃」の場合、企業が後述のようなインターネットの監視体制を整えていない場合、「被害の発生」を把握・認識するまでに相当な時間がかかってしまい、初期対応がほぼ不可能である、という特徴があります。

## 3　"見えない高度な連携プレー"－ネット上の匿名的共同作業－

　前述のとおり、ネットトラブルの原因である「ネット攻撃」には「高い匿名性」という特徴があるわけですが、この特徴は、さらに「ネット上の見えない高度な連携プレー」という派生的な特徴を導き出します。

　すなわち、ネット攻撃では、同じ企業に対しネット攻撃を行っている"隣の人"の、氏名、住所、個性すら「匿名」であるため、必要以上に、他人の投稿に対する意見を投稿しやすい、"無責任"な意見を投稿しやすい、という環境が生まれるわけです。

　さらに、前記のとおり、「インターネット上に掲載されたある一つの情報」は、インターネットを利用する世界中の人によって、同時、かつ瞬時に閲覧される可能性を帯びることになります（前記のとおり、平成20年時点におけるインターネット利用環境の普及率は日本国内で約75％。世界で約24％）。

　そうすると、「インターネット上に掲載されたある一つの情報」を閲覧した数多くの「個々の者」それぞれが保有する一つ一つの意見や情報は、取る

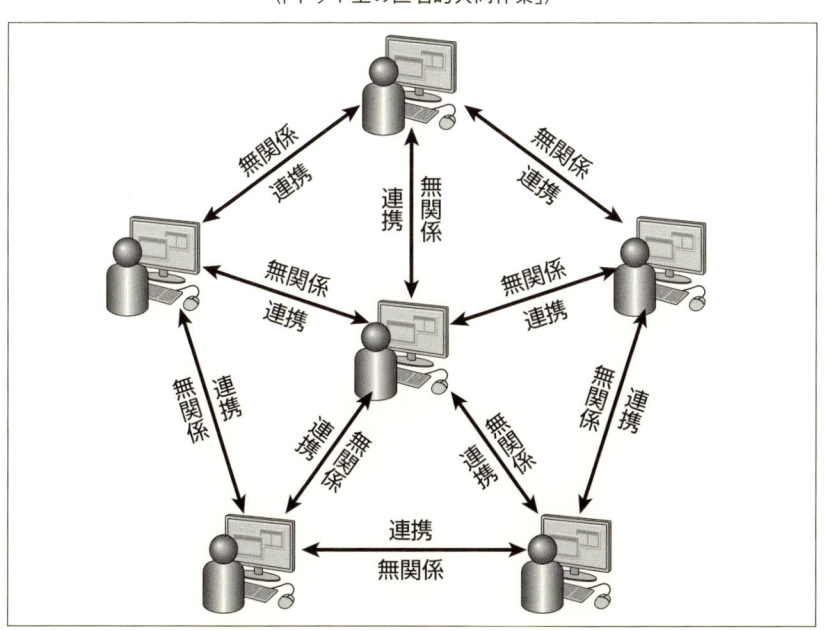

〈「ネット上の匿名的共同作業」〉

に足らない小さなものであったとしても、インターネット上の掲示板等において、これら一つ一つの意見や情報が、同時、かつ瞬時に集積され、さらに、これら数多くの「個々の者」によって吟味される結果、その集約された意見や情報は、より「理論武装された意見」、「信頼性の高い正確な情報」となるのです。

　そして、これらの作業は、「顔が見えない」者同士で行われることから、同じ作業を行っている者同士の"気兼ね"や"しがらみ"は全くなく、極めて作業効率が高くなります。

　このように、インターネット上では、「ネット上の匿名的共同作業」とも言うべき巨大かつ緻密な連携プレーが可能であることが、ネットトラブルを引き起こす大きな原因、特徴ということができます。

## 4　迅速かつ効果的な事後対応の不存在

　また、「ネット攻撃」の特徴として、「迅速かつ効果的な事後対応がほぼ不可能であること」が挙げられます。

　後述のとおり、インターネット上の掲示板の管理者等が、ネット攻撃と評価される書込みを行った者の情報を開示してくれない場合や書込みの削除に応じてくれない場合には法的手続等を要する必要性も生じますし、そのためには、相当の手間と時間と費用がかかります。

　著者が参加している企業ネット被害対策協議会（http://www.a-bcd.org/）が開催する勉強会などで、「書込みを即時に削除する方法を教えてください」といった質問がありますが、当該書込みが存在する掲示板を格納しているサーバに、違法に侵入し（ハッキングし）削除する方法などを除き、当該書込みを即時に削除する方法はありません。

　もちろん、この方法は、自力救済が原則禁止されている我が国においておよそ認められておりませんし、そもそも、当該行為自体が、不正アクセス防止法違反として犯罪行為に該当するおそれもあります。

　このように、まずは「ネット攻撃」の特徴をしっかりと認識しなければなりません。

## 5　現行の法制下における限界

　ところで、「言論の自由」が憲法21条によって厚く保護されているわが国においては、前述のとおり、サーバなどに侵入して（ハッキングして）書込みを削除するという違法な方法を除き、書込みを即時に削除する法的手続は存在しません。これが、ネットトラブルを拡大させている大きな要因であると考えざるを得ません。

　すなわち、後述のとおり、法定手続をもって当該書込み削除を強制的に実行すべく、裁判所に対し削除を求める旨の仮処分申立を行ったり、書込みの内容が脅迫罪、名誉毀損罪、信用毀損罪に該当するものとして警察への相談・被害届の提出・刑事告訴状の提出を行ったり、掲示板やウェブサイトの管理者や投稿などを行った者に対し、損害賠償請求訴訟を提起するためには、相当の手間と時間と費用を要しますので（前述の「ラーメンチェーン店」ネットトラブル事件参照）、企業ネット被害を受けたものにとって、当該手続を利用して被害の回復を試みることは、実に億劫な作業ですし、さらには、これが「ネット攻撃」を行う者に対し、「やり得」といった印象を持たせてしまうのです。

　もちろん、各種法的手続や関係法令は、前記「言論の自由」などとの慎重な調整の結果に基づき策定されたものですので、一概に、現行法制度に問題があると断言することもできません。

　また、行政側も、警察庁にてサイバー犯罪対策室を設置し、サイバー犯罪の取締りや、サイバー犯罪の予防対策に関する広報活動など、さまざまな活動に取り組んでいるところです。

　とはいえ、今日、「ネット攻撃」に限らず、いわゆる「学校裏サイト」問題など、現実に広く社会問題化し、かつ拡大傾向にある「掲示板への書込みによる被害」を放置することは、国民の安全な生活を毀損することにも繋がりかねないことは明らかですので、迅速な対応策を可能とする行政上、司法上の手続が望まれるところです。

## Keyword

**学校裏サイト**
　ある特定の学校の話題のみを扱う非公式の匿名掲示板。多くは、学校の生徒・児童のみしか利用できないようパスワードを設定されていたり、携帯電話からのアクセスしか出来ないよう設定されていたり（PCからのアクセスはIPアドレスで判断され拒否される）、極めて内部の者しか利用できない仕組が施されている。
　平成20年3月に文部科学省が発表した「青少年が利用する学校非公式サイトに関する調査報告書」によると、実に38260件のサイトが確認されているとのことである。
　平成19年9月に発生した神戸市須磨区滝川高校いじめ自殺事件の後、学校裏サイトに被害者の男子生徒に対する誹謗中傷や脅迫紛いの文章を書込みがなされていたことが発覚し、マスコミが大きく取り上げるなどしたことから社会問題化した。

## 6 "放置"はベターか!?

「ネット攻撃」により、ネットトラブルが発生してしまった場合、企業が行う対応策は、以下に分類することができます。

① 掲示板やウェブサイト上の書込みなどを一切無視し、ほとぼりがさめるまで待つ
② 掲示板やウェブサイトの管理者宛に、任意の削除要請を行う（当該サイト内に削除要請手続がある場合もありますし、文書にて、削除要請を行う場合もあります）
③ ネット被害への対応を行う民間会社に依頼する
④ 司法手続をもって当該書込み削除を強制的に実行すべく、裁判所に対し削除を求める旨の仮処分申立を行う
⑤ 脅迫罪、名誉毀損罪、信用毀損罪に該当するものとして、警察への相談・被害届の提出・刑事告訴状の提出を行う
⑥ 掲示板やウェブサイトの管理者に対し、損害賠償請求訴訟を提起する
⑦ 当該書込みなどを行った者を特定するための手続を行い、書込みなどを行った者に対し、損害賠償請求訴訟を提起する

上記のうち、②から⑦については後述するとして、ここでは上記①を検討してみます。

確かに、「ネット攻撃」が、「いついつ、どこそこの社長を殺す」といった殺人予告などではない限り、街宣車による宣伝活動や、企業宛てに届いた実弾といったような差し迫った危機とは異なるので、放置しても実害は生じない、といった考え方もあり得ます。

昔から伝わる「人の噂も七十五日」の諺どおり、企業に対する誹謗中傷も当の本人が全く相手にせず、たいした話題（誹謗中傷ネタ）でもなければ、いつしか、人の関心が薄れ、当該掲示板へのアクセス数も減り、結局、元に戻るはずである、という考え方です（実際、日本最大のアクセス数を有するといわれる「２ちゃんねる」上の掲示板において、過去、取り上げられた話題となったものでも、せいぜい数カ月もすれば自然と「収束」してしまうようです）。

このような考え方は、一つには、民事・刑事の法的対応といった、相応の時間と費用と手間を必要とする手続を行うよりは、
　「商品やサービスへの批判は当たり前。商品やサービスに対し、少々、事実に反する書込みや投稿がなされた場合であっても、これに何らかの対応策を施して被害を回復するというよりも、別途、コマーシャルなどのＰＲ活動を駆使して、商品やサービスの売上を延ばすほうがビジネスとして効率的である」
といった発想を基礎としております。
　確かに、「商品やサービス」は、コマーシャルなどのＰＲ活動、また、後述のとおり、プレスリリースなどによって、それ自体が持つ価値・品質をアピールし、イメージ回復に努めることができるのであれば、特に、別途、相当な手間と時間と費用をかけてまで、当該攻撃に対処する必要もないと考えられます。

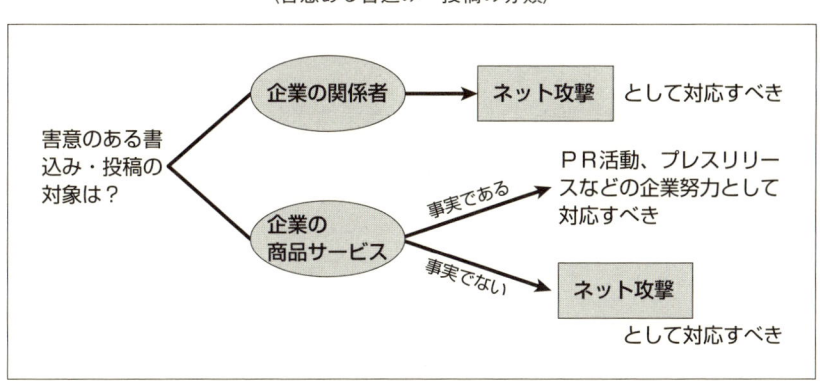

〈害意ある書込み・投稿の分類〉

害意のある書込み・投稿の対象は？
- 企業の関係者 → ネット攻撃 として対応すべき
- 企業の商品サービス
  - 事実である → ＰＲ活動、プレスリリースなどの企業努力として対応すべき
  - 事実でない → ネット攻撃 として対応すべき

　ここで、「ネット攻撃」において、最も重視しなければならないのは、このような「商品やサービス」に対する誹謗中傷もさることながら、企業に関わる「ヒト」に対する攻撃もあるということを理解しなければなりません。「商品やサービス」に対する攻撃は、前記のとおり、民事・刑事の法的対応とは別の方法で補うことも可能ですが、「ヒト」に対する攻撃の場合、それは当該「ヒト」が所属する企業のイメージにもつながり、この傾向は、当該

「ヒト」が当該企業において重要なポストを占めていれば占めているほど高くなります。

　すなわち、例えば、「インターネット販売業を営むＡ社のＸ社長には、詐欺の前科がある」、「福祉事業を営むＢ社は暴力団関係者が役員を務めている」、「食品業を営むＣ社の新取締役は、先月、食品偽装事件を引き起こしたＹ社の役員である」、といった虚偽情報が掲示板に書込みがなされ、これを放置した場合、たとえ書込み行為自体が収束したとしても、企業に対する印象は、

　①　反論しないということは、書込み内容は事実に違いない
　　　　　　↓
　②　事実であるなら、このような企業の商品やサービスは絶対に買わない
　　　　　　↓
　③　この企業がこんなにヒドイ企業だということを知らない人にも教えなければならない（インターネットに投稿しなければならない）

となることは必至です。

　その結果、企業イメージは地に落ち、いつしか間違った企業イメージが定着してしまうというわけです。

　また、仮に、企業に関わる「ヒト」に対する「ネット攻撃」を放置してしまった場合、当該攻撃を行った者に対し、「この企業は攻撃しても反撃すらしない」という印象を与えしめ、二度目、三度目の被害をも誘発する結果となりかねません。

　以上の理由により、以下、本書においては、「ネット攻撃」のうち、特に、企業に関わる「ヒト」に対するネット攻撃に対しては、「放置する」、「民事・刑事の法的対応を行わない」という方針は、決して慫慂できない、という立場をとることとします。

## 第4節　ネットトラブル対策の実践上の課題と対応の基本

### 1　戦略目標の設定

　インターネット上の掲示板等に、企業を誹謗中傷する書込み等がなされた場合、多くの企業は、即時に当該書込みを削除できる方法を検討することでしょうが、前述のとおり、違法な手段を用いない限り、ほぼ不可能と言わざるを得ません。

　この点、検索ソフトを利用して「インターネット」、「誹謗中傷」、「削除」といったキーワードでインターネット検索をすると、時事ニュースの記事などを除き、「誹謗中傷書込みを直ちに削除します！」、「誹謗中傷対策は＊＊＊へ」、「風評被害対策サービス」、「ネット書込み削除は任せてください」、「悪い評判を削除します」といった宣伝文句が記載されたウェブサイトを百件以上検索することができます。

　これらは、前記犯罪を敢行しているものでない限り、

①　インターネット上の掲示板の管理者等に対し任意の削除要請をするもの、

②　法的手続によるもの、

③　いずれでもないもの

に分類されます。

　しかし、①は相手の任意の履行を期待するだけのものであり実効性に疑問がありますし、②は相当の手間と時間と費用がかかるものですし、③は削除ではなく様々な作業（例：2ちゃんねるの、一つのスレッドに1000件しか書込みできない仕組みや、一つのスレッドに一定量のデータ（512キロバイト）しか書込みできない仕組みを利用して、意味のない書込みを繰り返す方法）を行うことによって"インターネット上で見えにくくする"だけのものが大多数です。

〈2ちゃんねる工作の例〉

461 : K5 ◆ZrPJFvsIEyUG [sage] : 2011/12/21(水) 13:52:07.77 ID:CRIR9VHH0
　　>>1000;fk>>1000;fk>>1000;fk>>1000;fk>>1000;fk>>1000;fk>>1000;fk>>1000;fk>>1
　　000;fk>>1000;fk>>1000;fk>>1000;fk>>1000 >>1000;fk>>1000;fk>>1000;fk>>1000;fk
462 : K5 ◆ZrPJFvsIEyUG [sage] : 2011/12/21(水) 13:52:07.35 ID:CRIR9VHH0
　　>>1000;fk>>1000;fk>>1000;fk>>1000;fk>>1000;fk>>1000;fk>>1000;fk>>1000;fk>>1
　　000;fk>>1000;fk>>1000;fk>>1000;fk>>1000 >>1000;fk>>1000;fk>>1000;fk>>1000;fk
463 : K5 ◆ZrPJFvsIEyUG [sage] : 2011/12/21(水) 13:52:07.37 ID:CRIR9VHH0
　　>>1000;fk>>1000;fk>>1000;fk>>1000;fk>>1000;fk>>1000;fk>>1000;fk>>1000;fk>>1
　　000;fk>>1000;fk>>1000;fk>>1000;fk>>1000 >>1000;fk>>1000;fk>>1000;fk>>1000;fk
464 : K5 ◆ZrPJFvsIEyUG [sage] : 2011/12/21(水) 13:52:07.36 ID:CRIR9VHH0
　　>>1000;fk>>1000;fk>>1000;fk>>1000;fk>>1000;fk>>1000;fk>>1000;fk>>1000;fk>>1
　　000;fk>>1000;fk>>1000;fk>>1000;fk>>1000 >>1000;fk>>1000;fk>>1000;fk>>1000;fk
465 : K5 ◆ZrPJFvsIEyUG [sage] : 2011/12/21(水) 13:52:07.36 ID:CRIR9VHH0
　　>>1000;fk>>1000;fk>>1000;fk>>1000;fk>>1000;fk>>1000;fk>>1000;fk>>1000;fk>>1
　　000;fk>>1000;fk>>1000;fk>>1000;fk>>1000 >>1000;fk>>1000;fk>>1000;fk>>1000;fk
466 : K5 ◆ZrPJFvsIEyUG [sage] : 2011/12/21(水) 13:52:07.29 ID:CRIR9VHH0
　　>>1000;fk>>1000;fk>>1000;fk>>1000;fk>>1000;fk>>1000;fk>>1000;fk>>1000;fk>>1
　　000;fk>>1000;fk>>1000;fk>>1000;fk>>1000 >>1000;fk>>1000;fk>>1000;fk>>1000;fk
467 : K5 ◆ZrPJFvsIEyUG [sage] : 2011/12/21(水) 13:52:07.35 ID:CRIR9VHH0
　　>>1000;fk>>1000;fk>>1000;fk>>1000;fk>>1000;fk>>1000;fk>>1000;fk>>1000;fk>>1
　　000;fk>>1000;fk>>1000;fk>>1000;fk>>1000 >>1000;fk>>1000;fk>>1000;fk>>1000;fk
468 : K5 ◆ZrPJFvsIEyUG [sage] : 2011/12/21(水) 13:52:08.02 ID:CRIR9VHH0
　　>>1000;fk>>1000;fk>>1000;fk>>1000;fk>>1000;fk>>1000;fk>>1000;fk>>1000;fk>>1
　　000;fk>>1000;fk>>1000;fk>>1000;fk>>1000 >>1000;fk>>1000;fk>>1000;fk>>1000;fk
469 : K5 ◆ZrPJFvsIEyUG [sage] : 2011/12/21(水) 13:52:07.72 ID:CRIR9VHH0
　　>>1000;fk>>1000;fk>>1000;fk>>1000;fk>>1000;fk>>1000;fk>>1000;fk>>1000;fk>>1
　　000;fk>>1000;fk>>1000;fk>>1000;fk>>1000 >>1000;fk>>1000;fk>>1000;fk>>1000;fk
470 : K5 ◆ZrPJFvsIEyUG [sage] : 2011/12/21(水) 13:52:08.03 ID:CRIR9VHH0
　　>>1000;fk>>1000;fk>>1000;fk>>1000;fk>>1000;fk>>1000;fk>>1000;fk>>1000;fk>>1
　　000;fk>>1000;fk>>1000;fk>>1000;fk>>1000 >>1000;fk>>1000;fk>>1000;fk>>1000;fk
471 : K5 ◆ZrPJFvsIEyUG [sage] : 2011/12/21(水) 13:52:08.18 ID:CRIR9VHH0
　　>>1000;fk>>1000;fk>>1000;fk>>1000;fk>>1000;fk>>1000;fk>>1000;fk>>1000;fk>>1
　　000;fk>>1000;fk>>1000;fk>>1000;fk>>1000 >>1000;fk>>1000;fk>>1000;fk>>1000;fk
472 : K5 ◆ZrPJFvsIEyUG [sage] : 2011/12/21(水) 13:52:08.47 ID:CRIR9VHH0
　　>>1000;fk>>1000;fk>>1000;fk>>1000;fk>>1000;fk>>1000;fk>>1000;fk>>1000;fk>>1
　　000;fk>>1000;fk>>1000;fk>>1000;fk>>1000 >>1000;fk>>1000;fk>>1000;fk>>1000;fk
473 : K5 ◆ZrPJFvsIEyUG [sage] : 2011/12/21(水) 13:52:08.55 ID:CRIR9VHH0
　　>>1000;fk>>1000;fk>>1000;fk>>1000;fk>>1000;fk>>1000;fk>>1000;fk>>1000;fk>>1
　　000;fk>>1000;fk>>1000;fk>>1000;fk>>1000 >>1000;fk>>1000;fk>>1000;fk>>1000;fk
474 : K5 ◆ZrPJFvsIEyUG [sage] : 2011/12/21(水) 13:52:08.64 ID:CRIR9VHH0
　　>>1000;fk>>1000;fk>>1000;fk>>1000;fk>>1000;fk>>1000;fk>>1000;fk>>1000;fk>>1
　　000;fk>>1000;fk>>1000;fk>>1000;fk>>1000 >>1000;fk>>1000;fk>>1000;fk>>1000;fk
475 : K5 ◆ZrPJFvsIEyUG [sage] : 2011/12/21(水) 13:52:08.67 ID:CRIR9VHH0
　　>>1000;fk>>1000;fk>>1000;fk>>1000;fk>>1000;fk>>1000;fk>>1000;fk>>1000;fk>>1
　　000;fk>>1000;fk>>1000;fk>>1000;fk>>1000 >>1000;fk>>1000;fk>>1000;fk>>1000;fk
476 : K5 ◆ZrPJFvsIEyUG [sage] : 2011/12/21(水) 13:52:08.68 ID:CRIR9VHH0
　　>>1000;fk>>1000;fk>>1000;fk>>1000;fk>>1000;fk>>1000;fk>>1000;fk>>1000;fk>>1
　　000;fk>>1000;fk>>1000;fk>>1000;fk>>1000 >>1000;fk>>1000;fk>>1000;fk>>1000;fk

もちろん、これらウェブサイトを運営する民間会社が提供するサービスも、中には安価でコストパフォーマンスが良いものもあり、これらのサービスを利用することで、実際に書込みの削除に成功した企業もたくさんありますし、本書もこれらのサービスの利用を否定するものでは決してありません。

　ただここで、一つ問題提起をするならば、書込みの削除に成功したことをもってネットトラブルの抜本的解決に至ったと判断することができるかどうかです。

　書込みの原因となった事実関係（すなわち、ネット攻撃の対象となった企業関係者にまつわる事実関係）が変わらず、さらには、書込みを行った者が野放しのままである以上、前述のとおり、「高い匿名性」という特徴を有するネットトラブルにおいては、同様の書込みは二度、三度継続するでしょうし、そもそも、次はどの掲示板に書込まれるかは皆目検討もつきませんので、また一からやり直しということにもなりかねません。

　そこで、ネットトラブルへの対応策を策定する際の基本姿勢としては、将来を見越した戦略的な目標を設定しなければなりません。

　具体的な説明は後述の各論に譲るとして、抽象的には、まず、事前の防衛策として、

　① 経営政策・法務戦略構築の観点、
　② 予防対策（契約法務・コンプライアンス法務）、

の観点から目標設定を行い、事後の対応策としては「有事の対応策構築」の観点から目標設定を行う必要があります。

## 2　証拠の保全

　ところで、単に、企業を誹謗中傷する書込み・投稿を削除するだけは抜本的解決にならないことは前述のとおりですが、仮に、書込み・投稿の削除に成功した場合であっても、後日の法的手続との関係では、大いに問題ありと考えざるを得ません。

　すなわち、インターネット上から問題の書込み・投稿を削除するということは、後日の法的手続における大切な証拠を、自ら破壊してしまうことにつながりかねないからです。

　そこで、書込み・投稿の削除も必要ですが、後日の司法手続に備え、書込みを適切に「証拠保全」する必要が生じてきます。例えば、インターネット上の該当箇所をプリントアウトし、公証役場にて「確定日付」を付してもらうという方法や、当該箇所のログを、法的に保存するための証拠保全手続を行うといった方法が挙げられます。

〈確定日付を利用した証拠保全の例〉

| | |
|---|---|
| 【○○○】<br>と題するインターネット上の掲示板<br>状況報告書　　　　　　〔登録第□□□号〕<br>　　　　　　　平成○○年○月○日<br><br>　　　　　　□□□　株式会社<br>　　　　　　法務部　○○　○○<br><br>ウェブサイト名：○○掲示板□□について語るスレッド<br><br>ＵＲＬ：http://www.******.jp<br><br>ウェブサイトプリントアウト日：平成○○年○月○日<br><br>目的：　上記ウェブサイトプリントアウト時に、上記ＵＲＬ内のインターネット上の掲示板において、別紙のとおりの文言、画像、写真等が掲載されている事実につき、将来の訴訟等において立証するため。<br><br>別紙1の説明：上記ＵＲＬをプリントアウトしたもの。<br>別紙2の説明：上記ウェブサイトを開設・管理している法人の詳細。<br>　　　　　　　　　　　　　　以上 | 【○○】「○○社が、またもや□□をやらかした！！」<br><br>1：＊＊＊＊：20\*\*/\*\*/\*\*(\*) \*\*:\*\*:\*\*.\*\* ID:\*\*\*\*\*<br>○月○日、○○社、またもや□□をやらかし、\*\*\*\*\*\*。△△社長は記者会見で\*\*\*\*\*。<br><br>2：名無しさん：20\*\*/\*\*/\*\*(\*) \*\*:\*\*:\*\*.\*\* ID:\*\*\*\*\*<br>また、○○社か！○○社の製品を買うと火事になります。絶対に買ってはいけません。<br><br>3：名無しさん：20\*\*/\*\*/\*\*(\*) \*\*:\*\*:\*\*.\*\* ID:\*\*\*\*\*<br>反省しない○○社に、こちらから火をつけにいきます。<br><br>4：名無しさん：20\*\*/\*\*/\*\*(\*) \*\*:\*\*:\*\*.\*\* ID:\*\*\*\*\*<br>いや、火をつける前に、まずは、○○社の製品を売ってる店に行って、製品を萌やしてこないと。<br><br>5：名無しさん：20\*\*/\*\*/\*\*(\*) \*\*:\*\*:\*\*.\*\* ID:\*\*\*\*\*<br>今朝、○○は警察の捜査が入ったみたいだよ。もう、○○社も△△社長も逝っていいなwwwwwwwwwwwwwwww<br><br>6：名無しさん：20\*\*/\*\*/\*\*(\*) \*\*:\*\*:\*\*.\*\* ID:\*\*\*\*\*<br>△△、夜、無事で歩けると思うなよ。お前の会社も萌え残ると思うな<br><br>7：名無しさん：20\*\*/\*\*/\*\*(\*) \*\*:\*\*:\*\*.\*\* ID:\*\*\*\*\*<br>○○社の従業員もかわいそうに。会社はつぶされ、家庭は崩壊し子供は学校で(ry<br><br>8：名無しさん：20\*\*/\*\*/\*\*(\*) \*\*:\*\*:\*\*.\*\* ID:\*\*\*\*\*<br>△△の記者会見ワロタ。<br><br>9：名無しさん：20\*\*/\*\*/\*\*(\*) \*\*:\*\*:\*\*.\*\* ID:\*\*\*\*\*<br>東証が上場廃止決定するらしい。みんな～、売り遅れるなよ～ |

## 3 刑事手続の是非

　インターネット上の掲示板等への書込み等のネット攻撃がなされた場合、とかく企業の上層部は、侮辱だ、名誉毀損だ、刑事告訴だ、と騒ぎ立てる傾向にあります。

　しかしながら、侮辱罪や名誉毀損罪が成立するための要件は、世間一般的に認識されているより制限的に設定されておりますし、仮に、法令、及び裁判例上、侮辱罪や名誉毀損罪の成立要件に該当するとされる場合であっても、後述のとおり、捜査機関の対応は極めて謙抑的です。

　それに、侮辱罪や名誉毀損罪の成立要件を十分に検討せず、思い込みや一時の激昂した感情にかられて刑事告訴を行った場合、かえって、「人に刑事又は懲戒の処分を受けさせる目的で、虚偽の告訴、告発その他の申告をした」として、虚偽告訴罪（3月以上10年以下の懲役）に問われかねません。

　このような理由から、「ネット攻撃」に対する刑事告訴は、慎重に慎重を重ねた検討が必要となります。

# 第1章

## アセスメント・環境整備における課題

第1節　法令環境
第2節　法令管理・情報収集

## 第1節　法令環境

### 1　プロバイダ責任制限法
#### ●制定の背景
　これまで解説してきたとおり、ネットトラブルを引き起こす「ネット攻撃」の特徴として、「高い匿名性」、「手段の簡易性」、「被害の把握・認識の困難性」、「見えない高度な連携プレー」、「迅速かつ効果的な事後対応の困難性」が挙げられます。

　正直なところ、このような特徴が、ネットトラブルに限らず、しばしばインターネット上の犯罪の温床になってきたことは否めません。そして、これらのことは、本書で扱っている「ネット攻撃」のほかにも、個人情報が無断で公開されるなどのプライバシー侵害や、ＭＰ３データやソフトウェアの違法コピーの交換、猥褻・児童ポルノ関連犯罪行為などにもあてはまります。

　しかしながら、これまで、プロバイダやインターネット上の掲示板の管理者などは、自己が管理・運営するウェブサイト、掲示板などでこれらの行為がなされていることがわかっていても、対応に困る、といった現象がありました。

　なぜなら、仮に、インターネット上の掲示板などに企業を誹謗中傷する書込みがなされた場合に、プロバイダや管理者が、一方的に当該部分を削除したり、同意なく修正したりすることは、今度は、「書込みを行った者」との関係で、問題が生じるからです。

　すなわち、たとえ、インターネット上の書込み・投稿や情報の内容が、他人の名誉を毀損したり、プライバシーを侵害したり、違法な情報などであったとしても、書込みや投稿を行った者、情報提供者（この章では、これらの者を「情報発信者」といいます）の同意がないにもかかわらずこれらを削除した場合には、今度は、これらの者から損害賠償を請求される余地があるからです。

　日本では、他人の名誉を毀損したり、プライバシーを侵害したり、違法な情報などであったとしても、一応は憲法上の権利である「表現の自由」によって保護されることになり得ますので、憲法上の要請、また、情報発信者との間の利用契約などにより、プロバイダや掲示板の管理者は、情報発信者の

承諾なしに削除することはできないとされているからです。

```
┌─────────────────────────────────────────────┐
│       書込みや情報を無断で削除・修正した場合       │
│                                             │
│   ┌─────────┐   ①削　除➡   ┌─────────┐      │
│   │プロバイダ│              │情報発信者│      │
│   └─────────┘   ⬅②責任追及  └─────────┘      │
└─────────────────────────────────────────────┘
```

　その一方で、プロバイダやインターネット上の掲示板の管理者が、当該書込み・投稿を放置すれば、今度は、これらの書込み・投稿などによって被害を受けた者から責任を追及される可能性もあります。

```
┌─────────────────────────────────────────────┐
│        違法な書込みや情報を放置した場合         │
│                                             │
│   ┌─────────┐   ⬅①放　置   ┌─────────┐      │
│   │被 害 者 │              │プロバイダ│      │
│   └─────────┘   ②責任追及➡  └─────────┘      │
└─────────────────────────────────────────────┘
```

　また、プロバイダやインターネット上の掲示板の管理者は、上記投稿や違法な情報などにより被害を受けた者から、情報発信者の氏名や連絡先について問い合わせを受けることがありますが、この場合、プロバイダやインターネット上の掲示板の管理者が情報発信者に無断で氏名や連絡先などを開示すると、前記同様、損害賠償を請求される余地もありますし、さらには、電気通信事業法違反として、3年以下の懲役または100万円以下の罰金刑が科せられる可能性もあります。

〈電気通信事業法179条〉

| |
|---|
| 1　電気通信事業者の取扱中に係る通信（第164条第2項に規定する通信を含む。）の秘密を侵した者は、2年以下の懲役又は100万円以下の罰金に処する。 |
| 2　電気通信事業に従事する者が前項の行為をしたときは、3年以下の懲役又は200万円以下の罰金に処する。 |
| 3　前二項の未遂罪は、罰する。 |

　このように、プロバイダやインターネット上の掲示板の管理者などは、相対立する「投稿を行った者や情報の掲載者」と、「これらの投稿等により被害を被った者」との間で、板挟みになっていました。

上記問題に対応するため、平成14年、「特定電気通信役務提供者の損害賠償責任の制限及び発信者情報の開示に関する法律」、いわゆるプロバイダ責任制限法が施行されました。このプロバイダ責任制限法の内容は、損害賠償責任の制限と、発信者情報の開示請求に応じる義務の2点となります。

　ところで、上記背景、法律の名称からも明らかなとおり、この法律は、電気通信事業法のように電気通信事業者（電話、インターネットなど、音声や画像などの通信業務を営む者）等の行為を規制するための法律等とは異なり、あくまで、プロバイダ等の責任を制限することを主目的とするところに特徴があります。

　すなわち、プロバイダ責任制限法は、プロバイダ等に対し、違法な投稿や違法な情報を放置することを禁止したり、早急な対応策を義務付けたりすることを目的とするものではなく、無限に拡大しかねないプロバイダ等への責任追及を制限し、もって、プロバイダ等の活動の自由を保障するところに着眼点をおいています。

　そして、このような立法がなされた背景には、もし、プロバイダ等に通信内容を逐一監視する義務を課した場合には、憲法21条2項が禁止する検閲に該当しかねず、通信の自由を厚く保護する自由主義社会、民主主義社会の根幹を揺るがしかねない、という憲法学的、政治学的な複雑な事情があるようです。

〈憲法21条2項〉

> 検閲は、これをしてはならない。通信の秘密は、これを侵してはならない。

## ●概要

　まず、プロバイダ責任制限法は、「書込み・投稿を行った者や情報の掲載者（情報発信者）」と、「これらの書込み・投稿等により被害を被った者」との間で板挟みとなりがちなプロバイダ等を保護すべく、

① 違法な投稿や違法な情報が存在するのにプロバイダ等が放置してしまった場合において、当該プロバイダ等の被害者に対する責任を軽減し、

② 違法な投稿や違法な情報が存在し、プロバイダ等が当該投稿や情報を削除・修正した場合において、当該プロバイダ等の情報発信者に対する責任を軽減する、

こととしました。

　次に、違法な投稿や違法な情報が存在した場合に、被害者による被害回復の手助けとなるべく、当該被害者がプロバイダ等に対し情報発信者の氏名や連絡先等を開示するよう請求できるようにしました。

　なお、プロバイダ責任制限法は、あくまで、インターネット上のウェブサイトや掲示板といった、不特定多数の者が閲覧したり受信したりできる公開情報に関する法律ですので、いわゆる「迷惑メール」や「いたずらメール」等の電子メールに対し、プロバイダ責任制限法を適用して対処するということはできません。

　なぜなら、前記のとおり、憲法21条2項は「通信の秘密は、これを侵してはならない」と規定し、「通信の存在」と「通信の内容」について国家権力が干渉してはならない（探索したり、傍受したりすることはできない）と厳格に規制していますので、世界中に公開されるインターネット上の掲示板等と異なり、発信者と受信者以外、その内容もさることながらその存在すら知られることのない「電子メール」の情報発信者の氏名や連絡先等の開示を強制することはできないのです。

　また、プロバイダ責任制限法が適用される「プロバイダ」には、いわゆる、インターネットサービスを提供するプロバイダのほか、サーバの管理人、「2ちゃんねる」や「FC2」等のインターネット上の掲示板の管理者、「mixi」、「GREE」、「facebook」等のソーシャル・ネットワーキング・サービス（SNS）、「YAHOOオークション」や「楽天オークション」等のオークションサイトの運営者等も含まれると解されています。

### ●海外のプロバイダ対策

 ところで、プロバイダや管理者の住所が海外であったり、情報発信者の住所が海外の場合に、彼らに対してプロバイダ責任制限法を適用することができるのかという難しい問題があります。

 純粋に海外の企業等が運営しているプロバイダ等の場合には、準拠法の問題から、プロバイダ責任制限法を適用することは不可能であり、昨今、プロバイダや管理者などは、違法投稿や違法情報等に対する裁判内外の削除請求や損害賠償請求に辟易し、形式上、運営主体を海外に移転するなどの方法により当該請求を回避しようとする傾向にあります。

 もちろん、これらは悪質な責任逃れにほかならず、これまで、違法な投稿や違法情報等によって被害を受けた者は、様々な理論や方法をもって責任追及の方法を検討しました。

〈海外のプロバイダ利用のパターン〉

企業ネット被害について―海外からの情報配信はどうなっているのか？

パターン1：国内法人あり　国内サーバあり（国内）―ISP―INET―ISP―（海外）

パターン2：国内法人あり　国内サーバなし（国内）―ISP―INET―ISP―（海外）

パターン3：国内法人なし（代理窓口あり）　国内サーバなし（国内）―ISP―INET―ISP―（海外）

その他、国内法人なし・国内サーバありのパターンなども考えられる

その結果、個別具体的な事情により違いはあるものの、概ね、
① プロバイダや管理者等が、日本国内にも営業所を設置していること、
② ウェブサイトや掲示板等が、その国内の営業所の管理下にあること、
上記要件を具備すれば、プロバイダ責任制限法を適用できる、と解されるようになりました。

また、仮に、プロバイダや管理者が海外の企業であったとしても、実質的には日本国内の法人等が支配し、運営しているような場合には、「法人格否認の法理」を主張し、当該海外の企業に対し、プロバイダ責任制限法を適用することも考えられます。

> **Keyword**
>
> **法人格否認の法理**
> 　法人は、株主等の構成員とは別個の人格が与えられ、その結果、独立して権利義務の主体となります。しかしながら、一定の場合、法人の形式的独立性を認めることが正義・衡平に反する結果をもたらすことがあります。そのような場合に、法人とその背後の者（実質的な支配者等）とを同一視し、法律効果等を当該実質的な支配者等に及ぼすことを可能とする法理を、法人格の否認といいます。

### ●「被害者」に対するプロバイダ等の責任の制限

前述のとおり、プロバイダやインターネット上の掲示板の管理者等が、違法な投稿や違法な情報を放置すれば、かような違法な投稿や違法な情報などによって被害を受けた者から責任を追及される可能性があります。

しかしながら、このような場合であっても、当該違法な投稿や違法な情報を削除することが技術的に不可能であり、かつ、

① 当該違法な投稿や違法な情報の存在を知らなかった場合、

あるいは、

② 当該違法な投稿や違法な情報の存在を知っていても、これらが他人の権利を侵害するものであることを知らなかったことに相当の理由がある場合、

には、プロバイダ等の責任は免除されることになります。

このように、プロバイダ等が、違法な投稿や違法な情報を「知らなかった場合」や、当該投稿や情報を知っていたとしても、それが第三者の権利を侵害しているものであると「認識していなかったことに相当の理由がある場合」、プロバイダ等の責任は免除されてしまいます。

したがって、被害を受けた者とすれば、プロバイダ等に対し、違法な投稿や違法情報の存在と、これにより自己の権利が侵害されていることを積極的に知らせる必要があることになります。

コツとしては、プロバイダ等に対し、「被害が発生していることを確かに

〈プロバイダ責任制限法3条1項〉

(損害賠償責任の制限)
1　特定電気通信による情報の流通により他人の権利が侵害されたときは、当該特定電気通信の用に供される特定電気通信設備を用いる特定電気通信役務提供者（以下この項において「関係役務提供者」という。）は、これによって生じた損害については、権利を侵害した情報の不特定の者に対する送信を防止する措置を講ずることが技術的に可能な場合であって、次の各号のいずれかに該当するときでなければ、賠償の責めに任じない。ただし、当該関係役務提供者が当該権利を侵害した情報の発信者である場合は、この限りでない。
　①　当該関係役務提供者が当該特定電気通信による情報の流通によって他人の権利が侵害されていることを知っていたとき。
　②　当該関係役務提供者が、当該特定電気通信による情報の流通を知っていた場合であって、当該特定電気通信による情報の流通によって他人の権利が侵害されていることを知ることができたと認めるに足りる相当の理由があるとき。

伝えましたからね」ということを証拠として残すべく、誰から誰あてに、いつ、どのような内容の文書が差し出されたかを日本郵便が証明する機能をもった「内容証明郵便」を利用することが考えられます。

## ●「情報発信者」に対するプロバイダ等の責任の制限

次に、プロバイダ等が、投稿を行った者や情報の掲載者の同意がないにも関わらずこれらを削除してしまった場合には、これらの者から損害賠償を請求される可能性があります。

しかしながら、このような場合であっても、当該削除が必要な範囲に限定されており、かつ、
① 当該違法な投稿や違法な情報により他人の権利が侵害されていると信じたことに相当の理由がある場合、あるいは、
② 被害者が当該違法な投稿や違法な情報の削除を依頼した場合において、情報発信者に対し、削除を行って良いかどうか問い合わせ、当該問い合わせに対し、情報発信者から7日以内に削除を拒絶する通知がなかった場合、
には、プロバイダ等の責任は免除されることになります。

〈プロバイダ責任制限法3条2項〉

(損害賠償責任の制限)
2　特定電気通信役務提供者は、特定電気通信による情報の送信を防止する措置を講じた場合において、当該措置により送信を防止された情報の発信者に生じた損害については、当該措置が当該情報の不特定の者に対する送信を防止するために必要な限度において行われたものである場合であって、次の各号のいずれかに該当するときは、賠償の責めに任じない。
① 当該特定電気通信役務提供者が当該特定電気通信による情報の流通によって他人の権利が不当に侵害されていると信じるに足りる相当の理由があったとき。
② 特定電気通信による情報の流通によって自己の権利を侵害されたとする者から、当該権利を侵害したとする情報（以下この号において「侵害情報」という。）、侵害されたとする権利及び権利が侵害されたとする理由（以下この号において「侵害情報等」という。）を示して当該特定電気通信役務提供者に対し侵害情報の送信を防止する措置（以下この号において「送信防止措置」という。）を講ずるよう申出があった場合に、当該特定電気通信役務提供者が、当該侵害情報の発信者に対し当該侵害情報等を示して当該送信防止措置を講ずることに同意するかどうかを照会した場合において、当該発信者が当該照会を受けた日から7日を経過しても当該発信者から当該送信防止措置を講ずることに同意しない旨の申出がなかったとき。

このように、プロバイダ等は、違法な投稿や違法な情報が第三者の権利を侵害していると信じたことに相当の理由がある場合、投稿等を勝手に削除したことを理由とする情報発信者の損害賠償請求から免責されることになります。

　したがって、被害を受けた者とすれば、プロバイダ等に対し、違法な投稿や違法情報の存在と、これにより自己の権利が侵害されていることを知らせるなどして、プロバイダ等が削除を行っても免責される状況を積極的に作り出してあげる必要があります。

　また、プロバイダ等が情報発信者に対し、削除を行ってよいかどうか問い合わせ、当該問い合わせに対し、情報発信者から7日以内に削除を拒絶する通知がなかった場合にも免責されますので、被害を受けた者とすれば、プロバイダ等に対し、情報発信者への上記照会を行うよう積極的に要請する必要があります。

## 2　名誉毀損・プライバシー関係のガイドライン

　プロバイダ責任制限法の施行をみすえ、平成12年2月、各プロバイダ業者が加盟する「社団法人日本インターネットプロバイダー協会」、各通信事業者が加盟する「社団法人電気通信事業者協会」、プロバイダ、ケーブルテレビ会社、回線事業者、コンテンツ事業者等の事業者が加盟する「社団法人テレコムサービス協会」は、「プロバイダ責任制限法ガイドライン等検討協議会」を創設しました。

　これは、プロバイダ等がインターネット上の投稿等で被害を被った者から前述の「情報開示請求」を受けた際のプロバイダ等としての対応方針等を策定し、公表するために設立された会です。平成14年5月の「プロバイダ責任制限法　名誉毀損・プライバシー関係ガイドライン」の初版の発表以来、改定作業を繰り返し、現在では第3版が公表されています。

---

『プロバイダ責任制限法　名誉毀損・プライバシー関係ガイドライン　第3版』
http://www.telesa.or.jp/consortium/provider/pdf/provider_mguideline_20110921_1.pdf

---

## 3 個人情報保護法

　1980年代よりIT技術等が飛躍的に進歩したこともあり、行政機関や企業等は、その保有する膨大な個人情報を容易に処理することが可能となり、プライバシー侵害の危険や不安が増大する中、日本が加盟する経済協力開発機構（OECD）理事会で「プライバシー保護と個人データの国際流通についてのガイドラインに関する勧告」が採択されるなど、国際的にも個人情報の取扱いやプライバシーの保護が次第に重要視されるようになりました。

　このような背景を受け、平成15年5月、個人情報保護法が成立し、平成17年から施行されました。

　個人情報保護法で保護される個人情報とは、生存する個人に関する情報であって、当該情報に含まれる氏名、生年月日その他の記述等により特定の個人を識別することができるものをいいます。

　そして、このような個人情報を5000件以上、個人情報データベース等として保有し、事業のために使用していて事業者は「個人情報取扱事業者」とされ、個人情報取扱事業者が主務大臣への報告を怠ったり、それに伴う改善措置に従わない等の適切な対処を行わなかった場合は、当該事業者に対して刑事罰が科されることになります。

〈個人情報保護法の概要〉

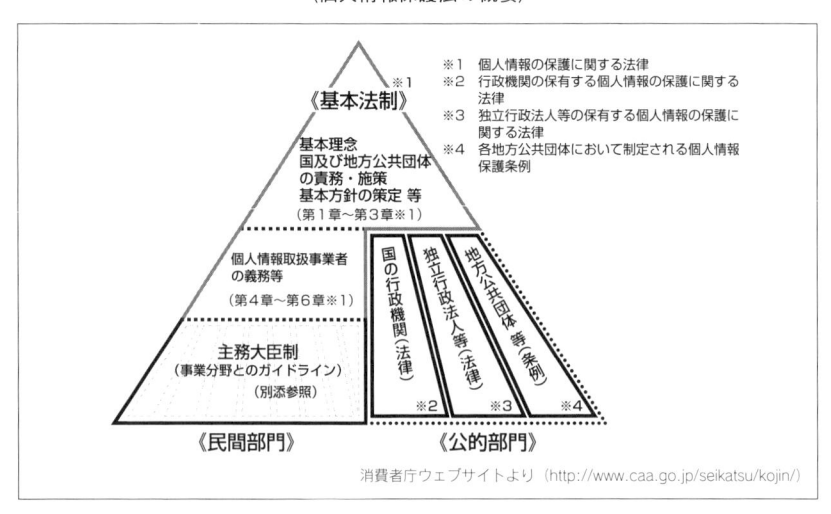

```
              《基本法制》※1
           基本理念
        国及び地方公共団体
         の責務・施策
        基本方針の策定 等
         （第1章～第3章※1）

      個人情報取扱事業者
        の義務等              国   独   地
      （第4章～第6章※1）      の   立   方
                             行   行   公
     主務大臣制                政   政   共
   （事業分野とのガイドライン）   機   法   団
         （別添参照）            関   人   体
                             （   等   等
                              法  （    （
                              律   法    条
                              ）   律    例
                                  ）    ）
                             ※2  ※3   ※4
      《民間部門》           《公的部門》
```

※1　個人情報の保護に関する法律
※2　行政機関の保有する個人情報の保護に関する法律
※3　独立行政法人等の保有する個人情報の保護に関する法律
※4　各地方公共団体において制定される個人情報保護条例

消費者庁ウェブサイトより（http://www.caa.go.jp/seikatsu/kojin/）

## 4　不正競争防止法

　不正競争防止法とは、市場における競争が公正に行われることを確保すべく、競争相手を貶める風評を流したり、商品の形態を真似したり、競争相手の技術を産業スパイによって取得したり、虚偽表示を行ったりするなどの不正な行為を取り締まるために制定された法律です。

　企業ネットトラブル対策法務に関する点とすれば、不正競争防止法は、営業秘密や営業上のノウハウの盗用等の不正行為を禁止しており、営業秘密等を盗用する一部の行為類型については罰則（営業秘密侵害罪）をもって対応していることを理解する必要があります。

　なお、「営業秘密侵害罪」は、これまでにも、国外への情報流出行為を処罰対象としたり、退職者による侵害行為も対象としたりするなど、適用範囲が改正されたり、また、懲役刑、罰金刑、法人への重課の上限が引き上げられるなど、時代のニーズにあわせ、様々な改正が行われていました。
最近も、「営業秘密侵害罪」の実効性を高めるべく、「営業秘密侵害罪」の目的要件が緩和され、行為の範囲を拡大する改正が行われました。

　1つは、それまで、「不正な利益を得る目的」に限定していた営業秘密取得行為の目的に、「保有者に損害を加える目的」を加え、いずれかの目的があれば、営業秘密侵害罪の目的要件が満たされるようになりました（不正競争防止法第21条第1項各号）。

　また、これまで、詐欺等の行為や不正アクセス等の管理侵害行為によって「営業秘密を記録した媒体」を取得したり複製したりした場合、といった「記録媒体を介した行為」のみが処罰対象とされていましたが、改正により、例えば、人を欺いて営業秘密を聞き出したり、不正アクセス等の方法により営業秘密を読み出したりする行為など、「記録媒体を介さない行為」も営業秘密侵害罪に該当し得るようになりました。

　さらに、これまでは営業秘密の保有者から営業秘密の開示を受けた従業員などについては、当該営業秘密を、実際に不正に使用し、または第三者に開示するなどして初めて営業秘密侵害罪に該当していましたが、それに至らない行為、例えば、消去すべき営業秘密を消去せずに「消去した」と仮装した場合や、営業秘密が記録された媒体を横領したり複製する行為も、当該営業秘密が実際に不正に使用したり、第三者に開示したりする前であっても営業

秘密侵害罪に該当し得るようになりました。

〈不正競争防止法2条1項4号～9号〉

1　この法律において「不正競争」とは、次に掲げるものをいう。
④　窃取、詐欺、強迫その他の不正の手段により営業秘密を取得する行為（以下「不正取得行為」という。）又は不正取得行為により取得した営業秘密を使用し、若しくは開示する行為（秘密を保持しつつ特定の者に示すことを含む。以下同じ。）
⑤　その営業秘密について不正取得行為が介在したことを知って、若しくは重大な過失により知らないで営業秘密を取得し、又はその取得した営業秘密を使用し、若しくは開示する行為
⑥　その取得した後にその営業秘密について不正取得行為が介在したことを知って、又は重大な過失により知らないでその取得した営業秘密を使用し、又は開示する行為
⑦　営業秘密を保有する事業者（以下「保有者」という。）からその営業秘密を示された場合において、不正の利益を得る目的で、又はその保有者に損害を加える目的で、その営業秘密を使用し、又は開示する行為
⑧　その営業秘密について不正開示行為（前号に規定する場合において同号に規定する目的でその営業秘密を開示する行為又は秘密を守る法律上の義務に違反してその営業秘密を開示する行為をいう。以下同じ。）であること若しくはその営業秘密について不正開示行為が介在したことを知って、若しくは重大な過失により知らないで営業秘密を取得し、又はその取得した営業秘密を使用し、若しくは開示する行為
⑨　その取得した後にその営業秘密について不正開示行為があったこと若しくはその営業秘密について不正開示行為が介在したことを知って、又は重大な過失により知らないでその取得した営業秘密を使用し、又は開示する行為

〈不正競争防止法21条〉

（罰則）
1　次の各号のいずれかに該当する者は、十年以下の懲役若しくは千万円以下の罰金に処し、又はこれを併科する。
①　不正の利益を得る目的で、又はその保有者に損害を加える目的で、詐欺等行為（人を欺き、人に暴行を加え、又は人を脅迫する行為をいう。以下この条において同じ。）又は管理侵害行為（財物の窃取、施設への侵入、不正アクセス行為（不正アクセス行為の禁止等に関する法律（平成十一年法律第百二十八号）第三条に規定する不正アクセス行為をいう。）その他の保有者の管理を害する行為をいう。以下この条において同じ。）により、営業秘密を取得した者
②　詐欺等行為又は管理侵害行為により取得した営業秘密を、不正の利益を得る目的で、又はその保有者に損害を加える目的で、使用し、又は開示した者
③　営業秘密を保有者から示された者であって、不正の利益を得る目的で、又はその保有者に損害を加える目的で、その営業秘密の管理に係る任務に背き、次のいずれかに掲げる方法でその営業秘密を領得した者
　イ　営業秘密記録媒体等（営業秘密が記載され、又は記録された文書、図画又は記録媒体をいう。以下この号において同じ。）又は営業秘密が化体された物件を横領すること。
　ロ　営業秘密記録媒体等の記載若しくは記録について、又は営業秘密が化体された物件について、その複製を作成すること。

ハ　営業秘密記録媒体等の記載又は記録であって、消去すべきものを消去せず、かつ、当該記載又は記録を消去したように仮装すること。
④　営業秘密を保有者から示された者であって、その営業秘密の管理に係る任務に背いて前号イからハまでに掲げる方法により領得した営業秘密を、不正の利益を得る目的で、又はその保有者に損害を加える目的で、その営業秘密の管理に係る任務に背き、使用し、又は開示した者
⑤　営業秘密を保有者から示されたその役員（理事、取締役、執行役、業務を執行する社員、監事若しくは監査役又はこれらに準ずる者をいう。次号において同じ。）又は従業者であって、不正の利益を得る目的で、又はその保有者に損害を加える目的で、その営業秘密の管理に係る任務に背き、その営業秘密を使用し、又は開示した者（前号に掲げる者を除く。）
⑥　営業秘密を保有者から示されたその役員又は従業者であった者であって、不正の利益を得る目的で、又はその保有者に損害を加える目的で、その在職中に、その営業秘密の管理に係る任務に背いてその営業秘密の開示の申込みをし、又はその営業秘密の使用若しくは開示について請託を受けて、その営業秘密をその職を退いた後に使用し、又は開示した者（第四号に掲げる者を除く。）
⑦　不正の利益を得る目的で、又はその保有者に損害を加える目的で、第２号又は前３号の罪に当たる開示によって営業秘密を取得して、その営業秘密を使用し、又は開示した者

## 5 刑法（名誉毀損罪）

「名誉毀損罪」とは、「公然」と「事実を摘示」し、「人」の名誉を「毀損」した場合に成立する罪であり、3年以下の懲役若しくは禁錮または50万円以下の罰金が科されます。ここでいう「人」は、自然人に限らず、企業や団体等の法人も含まれます。

次に、「公然」とは、多数または不特定のものが認識し得る状態をいいます。例えば、多数人が集合している場で誹謗中傷を行うのが一般的ですが、会議室やトイレ内での会話のような少人数に対する発言であっても、それらの者がさらに別の者に伝達する可能性があれば、「公然」に該当する場合があります。

企業ネット被害対策法務に関して言えば、インターネット上の掲示板への書込み等が「公然」に該当するかが問題となりますが、インターネット上の掲示板は、インターネットに接続している者であれば誰でも常時閲覧することができますし、またインターネットという性質上、潜在的には世界中の人が閲覧することも可能ですので、「公然」に該当すると考えることができます。

また、「事実を摘示（する）」とは、人の社会的評価を害するに足りる「事実」を指摘することを言い、当該事実が真実であるかどうかは関係がありません。したがって、単に「Aはバカだ」、「C社はむかつく」といった発言だけでは名誉棄損罪は成立せず、「Aは、試験に10回連続落ちるほど幼稚園生レベルの頭脳だ」、「C社は社長の愛人に支配されており、取締役会は全く機能していない」といったように、真実だろうとなかろうと、事実が指摘される必要があります。

なお、憲法21条が保障する「表現の自由」と、人の「名誉権」の保護との調整を図るため、刑法230条の2は、名誉毀損行為が「公共の利害」に関する事実に係るもので、専ら「公益を図る目的」であった場合には、摘示した事実が真実であることを証明させることにより、免責（無罪）を認めております。

〈刑法230条〉

（名誉毀損）
1　公然と事実を摘示し、人の名誉を毀損した者は、その事実の有無にかかわらず、3年以下の懲役若しくは禁錮又は50万円以下の罰金に処する。
2　死者の名誉を毀損した者は、虚偽の事実を摘示することによってした場合でなければ、罰しない。

〈刑法230条の２〉

（公共の利害に関する場合の特例）
　前条第1項の行為が公共の利害に関する事実に係り、かつ、その目的が専ら公益を図ることにあったと認める場合には、事実の真否を判断し、真実であることの証明があったときは、これを罰しない。

## 6　不正アクセス行為の禁止等に関する法律

「不正アクセス行為」とは、以下の①～③をいいます。

① 電気通信回線（インターネット、ＬＡＮ回線等）を通じて、アクセス制御機能を持つパソコン、サーバ等にアクセスし、他人の識別符号（パスワード、生体認証情報等）を入力し、アクセス制御機能（認証機能）を作動させて、本来制限されている機能を利用可能な状態にする行為

> 例：インターネットを通じて、ブラウザの認証用ページから他人のユーザー名とパスワードを勝手に使ってログインする行為

② 電気通信回線を通じて、アクセス制御機能を持つパソコン、サーバ等にアクセスし、識別符号以外の情報や指令を入力し、アクセス制御機能を作動させて、本来制限されている機能を利用可能な状態にする行為

> 例：インターネットを通じて、コンピュータウィルス等を使用して、勝手に使ってログインする行為

③ 電気通信回線を通じて、アクセス制御機能を持つ他のパソコン、サーバ等により制限されているパソコン、サーバ等にアクセスし、識別符号以外の情報や指令を入力し、アクセス制御機能を作動させて、本来制限されている機能を利用可能な状態にする行為

> 例：上記②と同じだが、不正アクセスを行うパソコン、サーバ等のバックエンドに認証サーバがある場合

なお、「電気通信回線（インターネット、ＬＡＮ回線等）」を使用せず、直接、パソコン、サーバ等の前で認証を突破する行為は不正アクセス行為にはなりません。また、本来なら制限されている機能を利用可能な状態にすればよく、データを盗み出したり改ざんしたりせずとも、不正アクセス行為に該当することとなります。

そして、当該不正アクセス行為を行った者に対しては、1年以下の懲役又は50万円以下の罰金が科せられることとなります。

〈不正アクセス防止法の概要〉

高度情報通信社会の健全な発展

ハイテク犯罪の防止・電気通信に関する秩序の維持

**不正アクセス行為等の禁止・処罰**

- 不正アクセス行為の禁止・処罰（3条・8条）
- 他人の識別符号の無断提供の禁止・処罰（4条・9条）

**防御側の対策**

- アクセス管理者による防御措置（5条）
  - 識別符号等の漏洩防止
  - アクセス制御機能の高度化
- 都道府県公安委員会による援助（6条）
  - 被害発生時の応急対策
- 国家公安委員会・通商産業大臣・郵政大臣による情報提供等（7条）
  - 不正アクセス行為の発生状況の公表
  - セキュリティ技術の研究開発状況の公表
  - 広報啓発

警察庁ウェブサイトより
(http://www.npa.go.jp/cyber/legislation/gaiyou/gaiyou.htm)

## 7　金融商品取引法
●ネット上の掲示板への投稿行為に対し、金商法が適用された例

> 　平成23年12月2日、兵庫県警捜査2課等は、インターネット大手のヤフーが運営する掲示板にジャスダックやマザーズの上場企業に関する虚偽情報を書き込んだとして、金融商品取引法違反（風説の流布、偽計）容疑で、神戸市垂水区桃山台、無職S容疑者（40）を逮捕しました。
> 　調べによると、S容疑者は、平成23年8月24日から29日にかけて、保有する株式を高値で売り抜けるため、自宅のパソコンから15回にわたって、ヤフーの掲示板に、「某社と某社が業務提携した」等の虚偽の投稿を行い、これにより合計約5万円の利益を得たとのことです。

　金融商品取引法上の「風説の流布」とは、有価証券の募集、売出し若しくは売買その他の取引若しくはデリバティブ取引等のため、又は有価証券等の相場の変動を図る目的をもって虚偽の情報を流すことをいい、金融商品取引法158条はこれを禁止するとともに刑罰を科しています。

　次に、金融商品取引法上の「相場操縦」とは、第三者に有価証券の売買（上場有価証券、店頭売買有価証券、取扱有価証券の売買に限られる）やデリバティブ取引が頻繁に行われているといった誤解させるなどの目的で行う行為をいい、金融商品取引法159条は、仮装売買、馴合売買、変動操作、見せ玉、市場操作情報の流布、虚偽情報による相場操縦、安定操作取引を相場操縦として処罰しております。

　刑罰は、どちらも10年以下の懲役若しくは1000万円以下の罰金又は併科であり、後者については、「財産上の利益を得る目的」で上記の行為を行った場合や、有価証券等の相場を変動させるなどした場合には10年以下の懲役及び3000万円以下の罰金となり、上記名誉毀損罪と比較しても極めて重罪であることがわかります。

　企業ネットトラブル対策法務に関して言えば、株価の変動を目的としてインターネット上の掲示板やウェブサイトへ企業の虚偽情報（例えば、「近々発売される商品には重大な欠陥がある」、「A社は、一週間後に破産申立をするようである」といった虚偽情報）を掲載する行為等が、市場操作情報の流布や虚偽

情報による相場操縦に該当すると考えられます。

〈金融商品取引法158条〉

(風説の流布、偽計、暴行又は脅迫の禁止)
　何人も、有価証券の募集、売出し若しくは売買その他の取引若しくはデリバティブ取引等のため、又は有価証券等(有価証券若しくはオプション又はデリバティブ取引に係る金融商品(有価証券を除く。)若しくは金融指標をいう。第168条第1項、第173条第1項及び第197条第2項において同じ。)の相場の変動を図る目的をもつて、風説を流布し、偽計を用い、又は暴行若しくは脅迫をしてはならない。

〈金融商品取引法159条〉

(相場操縦行為等の禁止)
　何人も、有価証券の売買(金融商品取引所が上場する有価証券、店頭売買有価証券又は取扱有価証券の売買に限る。以下この条において同じ。)、市場デリバティブ取引又は店頭デリバティブ取引(金融商品取引所が上場する金融商品、店頭売買有価証券、取扱有価証券(これらの価格又は利率等に基づき算出される金融指標を含む。)又は金融商品取引所が上場する金融指標に係るものに限る。以下この条において同じ。)のうちいずれかの取引が繁盛に行われていると他人に誤解させる等これらの取引の状況に関し他人に誤解を生じさせる目的をもつて、次に掲げる行為をしてはならない。
　① 　権利の移転を目的としない仮装の有価証券の売買、市場デリバティブ取引(第2条第21項第1号に掲げる取引に限る。)又は店頭デリバティブ取引(同条第22項第1号に掲げる取引に限る。)をすること。
　② 　金銭の授受を目的としない仮装の市場デリバティブ取引(第2条第21項第2号、第4号及び第5号に掲げる取引に限る。)又は店頭デリバティブ取引(同条第22項第2号、第5号及び第6号に掲げる取引に限る。)をすること。
　③ 　オプションの付与以は取得を目的としない仮装の市場デリバティブ取引(第2条第21項第3号に掲げる取引に限る。)又は店頭デリバティブ取引(同条第22項第3号及び第4号に掲げる取引に限る。)をすること。
　④ 　自己のする売付け(有価証券以外の金融商品にあつては、第2条第21項第1号又は第22項第1号に掲げる取引による売付けに限る。)と同時期に、それと同価格において、他人が当該金融商品を買い付けること(有価証券以外の金融商品にあつては、同条第21項第1号又は第22項第1号に掲げる取引により買い付けることに限る。)をあらかじめその者と通謀の上、当該売付けをすること。
　⑤ 　自己のする買付け(有価証券以外の金融商品にあつては、第2条第21項第1号又は第22項第1号に掲げる取引による買付けに限る。)と同時期に、それと同価格において、他人が当該金融商品を売り付けること(有価証券以外の金融商品にあつては、同条第21項第1号又は第22項第1号に掲げる取引により売り付けることに限る。)をあらかじめその者と通謀の上、当該買付けをすること。
　⑥ 　市場デリバティブ取引(第2条第21項第2号に掲げる取引に限る。)又は店頭デリバティブ取引(同条第22項第2号に掲げる取引に限る。)の申込みと同時期に、当該取引の約定数値と同一の約定数値において、他人が当該取引の相手方となることをあらかじめその者と通謀の上、当該取引の申込みをすること。
　⑦ 　市場デリバティブ取引(第2条第21項第3号に掲げる取引に限る。)又は

店頭デリバティブ取引（同条第22項第3号及び第4号に掲げる取引に限る。）の申込みと同時期に、当該取引の対価の額と同一の対価の額において、他人が当該取引の相手方となることをあらかじめその者と通謀の上、当該取引の申込みをすること。
　⑧　市場デリバティブ取引（第2条第21項第4号及び第5号に掲げる取引に限る。）又は店頭デリバティブ取引（同条第22項第5号及び第6号に掲げる取引に限る。）の申込みと同時期に、当該取引の条件と同一の条件において、他人が当該取引の相手方となることをあらかじめその者と通謀の上、当該取引の申込みをすること。
　⑨　前各号に掲げる行為の委託等又は受託等をすること。
2　何人も、有価証券の売買、市場デリバティブ取引又は店頭デリバティブ取引（以下この条において「有価証券売買等」という。）のうちいずれかの取引を誘引する目的をもつて、次に掲げる行為をしてはならない。
　①　有価証券売買等が繁盛であると誤解させ、又は取引所金融商品市場における上場金融商品等（金融商品取引所が上場する金融商品、金融指標又はオプションをいう。以下この条において同じ。）若しくは店頭売買有価証券市場における店頭売買有価証券の相場を変動させるべき一連の有価証券売買等又はその申込み、委託等若しくは受託等をすること。
　②　取引所金融商品市場における上場金融商品等又は店頭売買有価証券市場における店頭売買有価証券の相場が自己又は他人の操作によって変動するべき旨を流布すること。
　③　有価証券売買等を行うにつき、重要な事項について虚偽であり、又は誤解を生じさせるべき表示を故意にすること。

## 第2節　法令管理・情報収集

### 1　ネットトラブルに関する捜査機関の窓口

　インターネット等のネットワークを利用した脅迫事件や名誉毀損事件が平成12年から増加傾向にあることを受け、警察庁は同庁生活安全局内にネットトラブルに関する専門部署を設け、窓口やインターネット上で情報の提供を行ったり、また、相談に応じています。

　また、都内でも、平成12年、警視庁は、それまでの同庁ハイテク犯罪対策センターを拡充し、生活安全部内に警視庁ハイテク犯罪対策総合センターを設置し、「ハイテク犯罪に係る総合的対策」、「不正アクセス行為の禁止等に関する法律」、「インターネット端末利用営業の規制に関する条例」、「高度な情報技術を利用する犯罪の取締り」に関する任務の一環として、情報の提供や各種のインターネット上の被害の相談業務を行っています。

　また、警視庁と同様、全国の警察本部もそれぞれサイバー犯罪相談窓口を設置し、情報の提供や相談業務を行っております（以下、各都道府県におけるサイバー犯罪相談窓口の一部を紹介します）。

〈平成23年のサイバー犯罪対策課相談受理状況〉

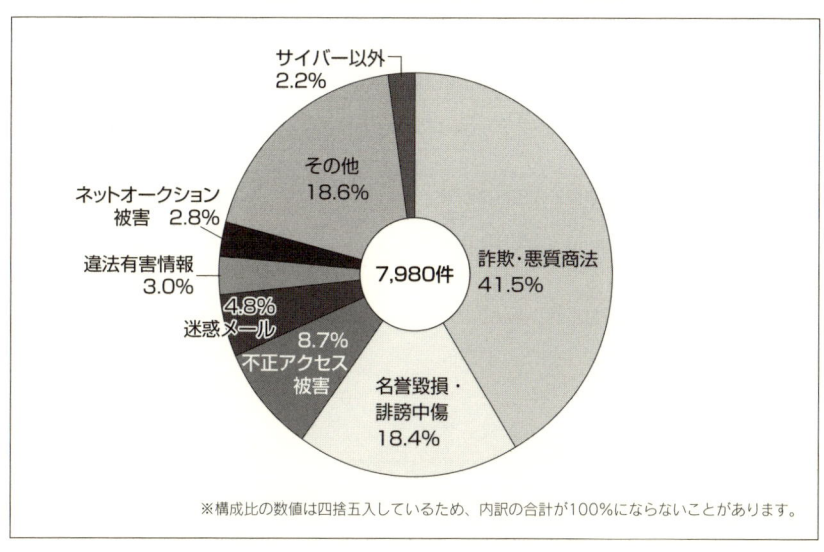

総数：7,980件
- 詐欺・悪質商法　41.5%
- 名誉毀損・誹謗中傷　18.4%
- 不正アクセス被害　8.7%
- 迷惑メール　4.8%
- 違法有害情報　3.0%
- ネットオークション被害　2.8%
- その他　18.6%
- サイバー以外　2.2%

※構成比の数値は四捨五入しているため、内訳の合計が100％にならないことがあります。

第1章　アセスメント・環境整備における課題

〈全国の相談窓口（一部）〉

| 都道府県 | 相談電話 | 上段はサイバー犯罪対策掲載、下段は情報・相談等メール掲載のURL |
|---|---|---|
| 北海道 | 011-241-9110 | http://www.police.pref.hokkaido.jp |
| | | http://www.police.pref.hokkaido.jp/consult/soudan/request/request.html |
| 宮城 | 022-266-9110 | http://www.iwate-kenkei.morioka.iwate.jp/jyouhou.html |
| | | http://www.police.pref.miyagi.jp/hp/cyber/cyber_index.html |
| | | 上記ページから |
| 警視庁 | 03-3431-8109<br>（専用電話） | http://www.keishicho.metro.tokyo.jp/haiteku/haiteku/haiteku1.htm |
| | | http://www.keishicho.metro.tokyo.jp |
| 大阪 | 06-6943-1234 | http://www.police.pref.osaka.jp/05bouhan/high_tech/index.html |
| | | http://www.police.pref.osaka.jp/05bouhan/high_tech/taisho/index.html |
| 福岡 | 092-641-9110 | http://www.police.pref.fukuoka.jp/bohan-info/04.html |
| | | http://www.police.pref.fukuoka.jp/sodan-toiawase/05.html |
| 沖縄 | 098-863-9110 | http://www.police.pref.okinawa.jp/anzennakurashi/hanzaihigai/cybercrime/index.html |
| | | http://www.police.pref.okinawa.jp/sodan/email.html |

## 2　国が設置するネットトラブル相談連絡窓口

　法務省人権擁護局は、インターネット上の掲示板やウェブサイト等で誹謗中傷を受けるなど、個人や企業の名誉が毀損された場合の救済手続に関する相談や情報を提供しています。

> 法務省人権擁護局
> 〒100-8977　東京都千代田区霞が関1-1-1
> 法務省内電話：03-3582-4111(代表)
> http://www.moj.go.jp/JINKEN/index.html

## 3 インターネット全般にかかるネットトラブル連絡相談窓口
### ●財団法人インターネット協会
　インターネットの発展、国民生活の向上等を目的として平成13年に設立された財団法人インターネット協会は、インターネットホットライン連絡協議会を設置し、インターネット上の違法・有害情報の相談業務を行ったり、情報を提供したりしています。

> 財団法人インターネット協会
> 〒105-004　東京都港区新橋3-4-5　新橋フロンティアビルディング6階
> http://www.iajapan.org
>
> インターネットホットライン連絡協議会　財団法人インターネット協会内
> http://www.iajapan.org/hotline

### ●社団法人電気通信事業者協会・社団法人テレコムサービス協会・社団法人日本インターネットプロバイダー協会
　社団法人電気通信事業者協会、社団法人テレコムサービス協会、社団法人日本インターネットプロバイダー協会は、共同で「プロバイダ責任制限法関連情報ＷＥＢサイト」を立ち上げ、プロバイダ責任制限法に関する情報や、インターネット関係の各種ガイドラインに関する情報を提供しています。

> プロバイダ責任制限法関連情報ＷＥＢサイト
> http://www.isplaw.jp
>
> 社団法人電気通信事業者協会
> http://www.tca.or.jp/
>
> 社団法人日本テレコムサービス
> http://www.telesa.or.jp/index.html
>
> 社団法人日本インターネットプロバイダー協会
> http://www.jaipa.or.jp/guideline/index.html

## 4 ネットトラブルの予防・対応策等を研究している民間団体

　企業ネット被害対策協議会は、企業のネットトラブルのリスクや実務的対応策について総合的な研究や臨床対応を実施する組織で、定期的に研究会合や実務的知見の発表等を行っています。

> 企業ネット被害対策協議会(Association against Business Cyber Disturbance)
> (本部)
> 〒102-0093　東京都千代田区平河町1-1-8　麹町市原ビル8階
> 株式会社国際危機管理機構 内
> http://www.a-bcd.org/index.html

# 第2章

## 経営政策・法務戦略構築における課題

第1節 ビジネスの設計・構築段階における
      対応策
第2節 専門部署・部員の設置
第3節 内部通報窓口の活用
第4節 情報管理

## 第1節　ビジネスの設計・構築段階における対応策

### 1　ビジネスにおける組織設計の検討

> ビジネスにおける組織設計の失敗が招いた「ネット攻撃」の例
>
> 142：名無しさん＠どっと混む：20\*\*/\*\*/20(金)　\*\*：\*\*：\*\*．\*\*　ID：\*\*\*\*
> 　　新発売の○×ハムって、食品偽装で潰れたＡ社のアホ社長が新しくつくった会社の商品だし、誰が買うの？
>
> 25：名無しさん＠どっと混む：20\*\*/\*\*/20(金)　\*\*：\*\*：\*\*．\*\*　ID：\*\*\*\*
> 　　Ｂ社って、殺人事件を起こした新興宗教Ｃの企業でしょ！？
>
> 114：名無しさん＠どっと混む：20\*\*/\*\*/20(金)　\*\*：\*\*：\*\*．\*\*　ID：\*\*\*\*
> 　　児童虐待がバレて保育園つぶしたＤってやつが、また□▲保育園、とかっての始めてるけど、あれっていいの？
>
> 【ゲーム】Ｅ社、＊＠の残党を結集し、新たな"パクリ"ゲーム会社を設立へ！
> 1：名無しさん＠どっと混む：20\*\*/\*\*/20(金)　\*\*：\*\*：\*\*．\*\*　ID：\*\*\*\*
> 　　"パクリ"疑惑が発端となって事実上崩壊したＸ社＊＠ゲームクリエイトチームのことは記憶に新しいが、今年の1月に「テイルズ・ファンタジー」の発売を発表したＥ社が、実は、＊＠ゲームクリエイトチームの"残党"が結集した会社であることは知られていない。これまでも"パクリ"で荒稼ぎしてきたゲーム制作会社だけに、今後の活動が注目される。

　「ネット攻撃」を未然に防ぐためのビジネスの設計・構築段階におけるポイントとして、第一に、「組織」設計上の工夫が挙げられます。

　例えば、かつて不祥事を起こして事業廃止に至ってしまった企業やその関係者が新たに同業ビジネスを始める場合を想定してみます。

　事業に関するノウハウはこれまで培ったものが十分にありますので、商号、看板、スタッフ等を刷新して一から新しい事業を開始したとしても、スムーズに事業を軌道に乗せることも可能となるでしょう。

　もちろん、提供する商品やサービスは、全て新しいパッケージに包装され、キャッチコピーも変更し、社名もそれまでのものとは異なる以上、誰もかつて不祥事を起こして事業廃止した企業やその関係者が新しく始めたビジネスとは気づきません。

　ところが、どんなに社名を変更し、新しいキャッチコピーの下で新しい商品やサービスを提供したとしても、役員構成や株主構成の点で、「かつて不祥事を起こして事業廃止した企業」であることが露呈してしまうリスクがあります。

すなわち、取締役等の役員構成は、法務局に赴いて商業登記簿謄本を確認すれば、即時に明らかになりますし、株主構成についても、株式公開企業であれば有価証券報告書上の記載内容で判明する場合があります。また、株式公開企業ではなくても、情報統制に不備があれば、漏洩のリスクがついて回ります（例えば、法人税確定申告書の「同族企業判定」欄には主要株主の記載がありますので、このような書類が企業の外部に漏れることで株主構成が判明してしまうこともあります）。
　そこで、「かつて不祥事を起こして事業廃止した企業」の取締役を新しい企業の取締役に就任させるようなことはあえて避け、どうしても当該人物の経営手腕を必要とするのであれば、新しい企業との間で経営委託契約等を締結し、経営に関与してもらうという方法も考えられます。
　また、「かつて不祥事を起こして事業廃止した企業」の株主であった者が、ストレートに新しい企業に出資するのではなく、例えば、民法上の組合を組成し同組合の名義で出資したり、第三者と匿名組合契約を締結し当該第三者の名義で出資するなどの方法を採用したりすることにより、新しい企業の実質的支配者（大株主）が誰であるかを秘匿することも可能となるでしょう。

〈"表に名前を出せないキーパーソン"がいる場合の新会社の設計の例〉

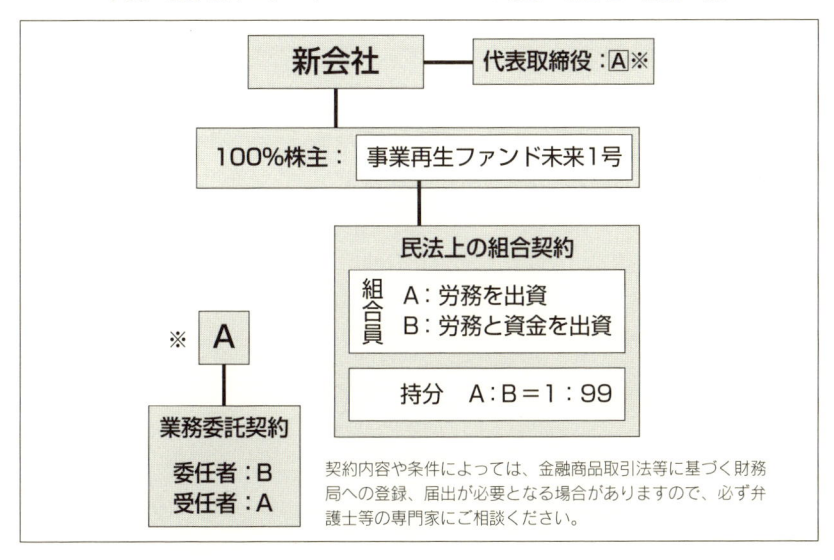

```
新会社 ─── 代表取締役：A※
  │
100％株主：事業再生ファンド未来1号
            │
      民法上の組合契約
      組合員 A：労務を出資
            B：労務と資金を出資
      持分  A：B＝1：99

※A
業務委託契約
委任者：B
受任者：A
```

契約内容や条件によっては、金融商品取引法等に基づく財務局への登録、届出が必要となる場合がありますので、必ず弁護士等の専門家にご相談ください。

なお、前述のポイントは、「不祥事を起した企業」が新会社を設立する際に限られるものではありません。様々な個人的理由や、社会的事情等により、キーパーソンが新会社、新規ビジネスに関与していることが世間に知られると"炎上"必死となることが想定される場合も同じことです。

　これまで、ある分野のビジネスに対し批判的な意見を表明していた起業家がそこにビジネスチャンスを見出して新規参入を図る場合、許認可官庁から天下ってきた公務員が新規ビジネスに関与する場合、某電力会社のように不祥事には至らなくても社会的な非難を浴びた企業が新規ビジネスを行う場合等、様々なケースで検討する必要があります。

## 2 ビジネスにおける事業形態の検討

> **ビジネスにおける事業形態の選択ミスが招いた「ネット攻撃」の例**
>
> 16：名無しさん＠お腹いっぱい。：20\*\*/\*\*/20(金) \*\*:\*\*:\*\*.\*\* ID:\*\*\*\*
> この〇×フランチャイズに参加して1年経つけど、商品自体は何の取り柄もないに、押し込み営業ばかりやらされている。こんな代理店に加盟することは絶対にやめた方がいいです。私ももうすぐやめます。
>
> 23：名無しさん＠お腹いっぱい。：20\*\*/\*\*/20(金) \*\*:\*\*:\*\*.\*\* ID:\*\*\*\*
> ウチも、本部から届いた新商品はパッケージを変えただけで、中身はほとんど変わってなかったorz これってどうよ。
>
> 41：名無しさん＠どっと混む：20\*\*/\*\*/20(金) \*\*:\*\*:\*\*.\*\* ID:\*\*\*\*
> 社長は加盟店を屁とも思ってない。こんなフランチャイズ・チェーンから早くみんなで脱退して、有志で新しいグループを作ろう！

　次に、新たなビジネスで採用する「事業形態」について、「ネット攻撃」を未然に防ぐための観点から検討してみます。

　例えば、商品を販売したり、サービスを提供するための従来からの手法として、代理店を募集し、広く全国に販売網を展開するといった手法や、最近ではやや下火になりましたが、フランチャイズ展開をするといった手法が挙げられます。

　これらの方法は、自社人材を育成・拡充することなく、また、比較的短期間に、初期投資をかけずに商品やサービスの提供を図ることができる、という点では極めて優れた手法です。

　しかしながら、裏を返せば、ビジネスに企業外の第三者の関与を広く認めることになりますので、企業と従業員との間にあるような指揮・命令系統を、独立当事者間である代理店やフランチャイジーとの間に確立することが困難である以上、情報の統制を図ったり、統一した経営方針を維持していくことは不可能であると考えざるを得ません。

　そうすると、代理店やフランチャイジー同士でネガティブ情報を共有し合うようになったり、ディスインフォメーションが横行し、しまいには商品販売網の崩壊も招来しかねません。

　そこで、安易に代理店展開やフランチャイズ展開に頼るのではなく、まずは、ブランド価値の維持や、自社人材の育成等に努め、その上で直営店の拡充等を検討することも必要となります。

## 3　B to Cビジネスの場合の留意点
### ～「営業部門」と「クレーム処理部門」と「債権回収部門」の分離

　ビジネスの形態が、特にB（ビジネス）to C（カスタマー）ビジネス、すなわち、一般消費者向けに商品やサービスを提供している企業の場合には、「営業部門」と「クレーム処理部門」と「債権回収部門」の分離という工夫も必要です。

　すなわち、「営業部門」は商品やサービスを"売る"ための人員ですので、企業の商品やサービスに絶対の自身を持つよう社員教育されています。いわば、ヒト・モノ・カネ・チエの集積によって作り出された付加価値を、まさに企業側を代表し、自信をもって消費者に提供する部門です。

　これに対し、「クレーム処理部門」は、常に消費者の立場に自らをおき、消費者が何を求めているのか、何を訴えているのかを真摯に聞き取ってクレームの解決を模索するよう社員教育されています。

　このように、「営業部門」と「クレーム処理部門」は、全く異なる発想のもとで設置され、全く異なる社員教育を受けている部門なのですが、この点を無視し、これらの人員をごっちゃにし、または、「自分が商品を売った顧客のクレームは自分で責任を持つ」といった方針をたてて、営業担当者がクレーム担当者を兼ねてしまっている企業があります。

　この場合、企業を代表して自社の商品やサービスに絶対の自信を持っている人間が消費者のクレームに対応するわけですから、商品やサービスに、どんなに「非」があったとしても、「認めがたい」態度が表れてしまうのは当然です。

　人間は、簡単かつ瞬時に考え方をチェンジすることは大変困難ですので、たとえ、どんなに悪気がなくとも、「当社の商品に問題があるはずがありません。お客様の使い方に何か問題があったのではないでしょうか」、「これが当社のサービスの内容です。お客様のニーズとは異なっているかもしれませんが」といった、消費者を"逆撫で"する内容が言葉の端々に表れてしまうことは必至です。

　この場合、消費者は、この「営業部門」の人間の対応が企業の「全て」であると理解し、双方向性メディアであるインターネットを通じて"企業の評価"を行ってしまうことになるわけです。そして、一度、インターネット上

の掲示板やソーシャルメディアに投稿された情報が瞬時に浸透、拡散し、ネットトラブルにつながることは既述のとおりです。

このような悪しき流れを部門設計の段階で「予防」するためにも、「営業部門」と「クレーム処理部門」の分離は必須と言えます。

なお、当たり前のことですが、クレームについて、一貫して「クレーム対応部門」のみで対応する、という企業姿勢も重要です。先に紹介した「東芝クレーマー」ネットトラブル事件では、クレームが"たらい回し"された挙げ句、「渉外監理室」なる不可解な部門にて罵倒されてしまったという、消費者にとってみれば、本来の商品アクシデントとあわせて「三重の被害」となってしまったことが要因とされています。この場合も、クレーム対応の教育を受けた専門部門にて一貫した処理を行っていれば避けられたネットトラブルの一つと考えられます。

次に、「債権回収部門」は、「約束を守らず、代金を払わずに企業を脅かす有害な敵」に対し、笑顔を振りまく必要もなく、淡々と商品・サービス代金の回収作業に努めるよう社員教育されています。そして、重要な点として、決して"逆切れ"しないように教育されています。

この「債権回収部門」と「営業部門」を分離することの重要性については『企業法務バイブル』(畑中鐵丸著　弁護士法人畑中鐵丸法律事務所編・弘文堂刊) 457頁で以下のとおり触れられているところです。

## 【営業部門と回収部門の分離】

> 毎日、「取引先と顔を合わせ、購入を依頼している立場の営業部門」が、ある時(支払事故)を境に、当該取引先を、突如、「神様にも匹敵する大事なお客様」から「約束を守らず、企業を脅かす有害な敵」とみなし、厳しい取立を行う、というのは心理面で大きなストレスを与えますし、回収を期待しうる現実的な可能性も乏しいと言えます。
> 実際、営業部門としては、「大切な取引先」を救済するという動機が強く働き、結果、管理部門への報告を遅らせるなど事態を糊塗隠蔽して、ますます売掛債権を増やしてしまう、という行動に及びがちです。
> そこで、債権の管理・回収は、営業部門とは異なる回収専門の部署

（総務部等、他部署との兼任でもかまいません）を設置し、社内で、支払期限が経過した場合、一定の債権回収のためのスケジュールを策定しておくべきです。

そして、例えば、2回目の催告状の発出手続から当該債権の回収を当該回収専門の部署に移行する、といったような機械的な運用を行うことで、適切な信用管理と債権管理・回収を行うことが可能となります。

〈基本的なスケジュール例〉

| 遅延期間 | 催促の手段 |
|---|---|
| 支払期日1週間前 | 債権額確認通知書 |
| 支払期日 | 確認の電話 |
| **不払を覚知** 1週間経過 | 催促の電話（1回目） |
| 2週間経過 | 催促の電話（2回目） |
| **回収部門への移行** 1ヶ月経過 | 催促状（1通目）<br>催促の電話（3回目） |
| 2ヶ月経過 | 催促状（2通目）<br>催促の電話（4回目） |
| **法的手段の検討** 3ヶ月経過 | 最終通知<br>催促の電話（5回目）<br>法的手段・弁護士への委託 |

また、戦略的な債権回収として、自社を「カネの流れ」の上流に位置付けるという方法も重要です。

例えば、フランチャイズ・ロイヤリティーの回収を確実にするのであれば、加盟店のレジ・システムを一括管理し、一旦、売上全額を入金させ、その後、当該売上からフランチャイズ・ロイヤリティーやその他債権を差し引いて返還する、という方法が考えられます。

また、信用に問題ある取引先であれば、当該取引先から、予めその取引相手（第三債務者）に対する金銭債権の弁済受領権を取得しておく、という方法もあります。

そして、"顔の見える"「営業部門」と、"顔の見えない"「債権回収部門」

と「クレーム処理部門」をうまく活用することによって、ネットトラブルをある程度抑えることが可能となるというところに意味があります。

　すなわち、支払遅延に陥った代金の回収という業務は、その性質上、どうしても消費者とトラブルになりがちですし、クレームとなってネットトラブルを引き起こす原因ともなります。ここで、"顔の見える"「営業部門」がその回収業務やクレーム処理も担当するならば、消費者は当該「営業部門」の担当者の顔、人格、話し方、場合によっては世間話の過程で知った家族構成、趣味などを知っておりますので、このような情報は企業に対する「攻撃材料」として使いやすいわけです。

　インターネット上の掲示板で、企業名とある担当者の実名が挙げられた上で「ネット攻撃」されていることがありますが、「債権回収部門」や「クレーム処理部門」と思われる人間の対応等について投稿されている場合には、せいぜい、実名の"晒し"とその担当者との会話内容程度です。

　これに対し、「営業部門」と「債権回収部門」と「クレーム処理部門」がごっちゃになっているな、と思われる企業が「ネット攻撃」を受けている場合、営業の際に得た「営業部門」の担当者の様々な情報も同時に"晒し"にあっています。これにインターネットユーザーが面白おかしく呼応し、ネットトラブルが拡大していくわけです。

　結局、前述のとおり、特に一般消費者向けに商品やサービスを提供している企業の場合、消費者とのトラブルは避けられない以上、消費者にとって"顔の見えない"「債権回収部門」と「クレーム処理部門」を活用することにより、消費者にネット攻撃の際に無用な「攻撃材料」を与えない、という意味において、一定程度の効果をあげることができます。

〈「営業部門」と「クレーム処理部門」と「債権回収部門」の分離〉

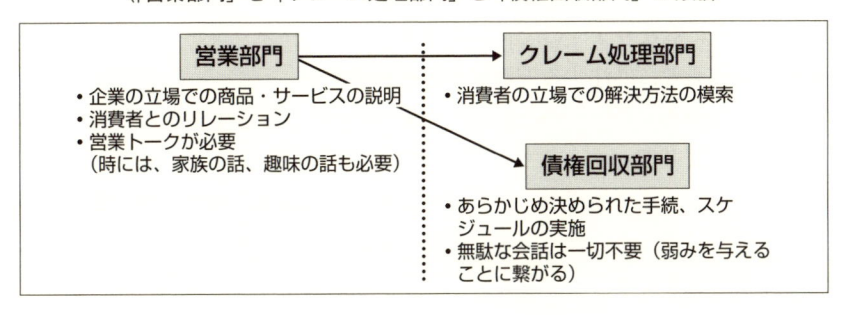

```
┌─────────────────────────────────────────────────────┐
│   ┌──────────┐         ┌──────────────┐              │
│   │ 営業部門 │ ──────→ │クレーム処理部門│             │
│   └──────────┘         └──────────────┘              │
│ ・企業の立場での商品・サービスの説明                  │
│                        ・消費者の立場での解決方法の模索│
│ ・消費者とのリレーション                              │
│ ・営業トークが必要      ┌──────────────┐              │
│   (時には、家族の話、   │ 債権回収部門 │              │
│    趣味の話も必要)  ──→└──────────────┘              │
│                        ・あらかじめ決められた手続、ス │
│                          ケジュールの実施            │
│                        ・無駄な会話は一切不要（弱みを │
│                          与えることに繋がる)         │
└─────────────────────────────────────────────────────┘
```

## 第2節　専門部署・部員の設置

### 1　ネットを監視する専門部署の設置・人員の配置

　前述のとおり、「ネット攻撃」の特徴の一つとして、「被害の把握・認識の困難性」が挙げられます。街宣車による脅迫行為や、銃弾を郵送する、といった物理的な企業に対する攻撃と異なり、企業が当該攻撃、すなわち、インターネット上の掲示板等に書き込まれた企業に対する誹謗中傷を認知しなければ、原因がわからないまま売上の低下といった被害だけを認識し、ようやく原因を認識した時点では、既に手遅れという場合が往々にしてあります。

　また、取引先等から、「御社のA取締役、経理部の女性と不倫しているって情報がインターネットの掲示板に書き込まれて盛り上がっていますよ」等と指摘されて初めて「ネット攻撃」を知るようでは、被害の回復もままなりません。

　そこで、「ネット攻撃」を迅速に認知し、発見すべく、少なくとも、
　① 新規ビジネスの立ち上げ、
　② 新商品の販売、
　③ 新サービスの開始、
　④ 役員の変更、
　⑤ 決算等、各種IR情報の開示、
　⑥ 業務提携・合併・新株発行等の重要事実の発生、
　⑦ 就職活動時期等の前後

には、定期的に新商品の名称、企業名、役員名等で、インターネット上のキーワード検索を行う必要があります。

　ただし、かような作業を継続することは企業にとって貴重な人的資源を割かれることにもなりますので、いわゆる「インターネット・パトロール」を専門に行う業者に外注する方法も考えられます。

　しかしながら、「インターネット・パトロール」を全て業者に任せきりにするのはあまり関心できません。前述のとおり、"炎上"は、従業員によるソーシャルメディア利用や、時には内定者の言動に端を発する場合などもありますので、業者がこれら企業の細部・末端・最新の情報まで全てを把握できるはずがありません。そして、これらの兆候を一つでも見逃せば、直ちに

情報が拡散し気づいたときには"消火不可能、ただ鎮火を待つ"という状況になりかねません。

　そこで、一部を業者に外注するにしても、やはり、企業内において、企業の細部・末端・最新の情報まで全てを俯瞰的に見渡すことができる位置からインターネット上の「企業に関係する情報」を探索し、認知・発見できる立場の専門の部署・部員を設置すべきです。

　もちろん、「専任」にする必要はありませんので、内部監査室、法務部、人事部といった管理部門の中に設置して他業務と兼任させたりしても構いません。今日、インターネット上では、様々な検索方法や検索テクニックが開発されていますので、企業の細部・末端・最新の情報を常に把握している部署・部員にこれらの技術を習得させ、企業内にこれらの技術を蓄積することで、"炎上"を未然に防ぐ体制を整えることが可能となるでしょう。

〈企業内のネットトラブル関係専門部署・部員の業務の例〉

## ネット監視専門部署の業務

**常時**
- 企業名検索
- 役員名検索
- 従業員名検索
- 内定者名検索
- 商品・サービス名検索
- 支店・営業所名検索
- CM起用キャラクター・芸能人検索
- 取引先名検索
- プロジェクト名検索
  ⋮

**特に検索活動を強化すべき時期**
① 新規ビジネス立上げ時
② 新商品の販売時
③ 新サービスの開始時
④ 役員変更時
⑤ 決算等、各IR情報の開示時
⑥ 業務提携・合併・新株発行等重要事実の発生時
⑦ 就職活動時

〈インターネット内の「ワード検索」のテクニック〉

## 検索方法の例
（検索エンジンによって異なります）

**基本**

- AND検索
  - 両方のキーワードを含む検索結果を表示する
    ex：AA商事 and B社長

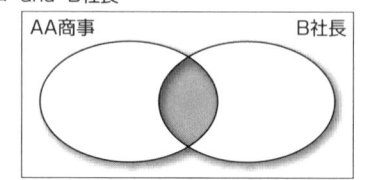

- OR検索
  - 両側のキーワードのいずれか一方（または両方）を含む検索結果を表示する
    ex：＊＊＊（商品名）OR AA商事

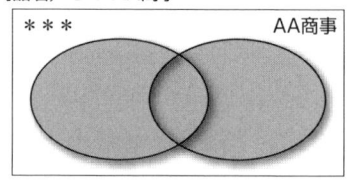

- NOT検索
  - 後のキーワードを含まない検索結果を表示する
    ex：ＡＡ商事 NOT 株価

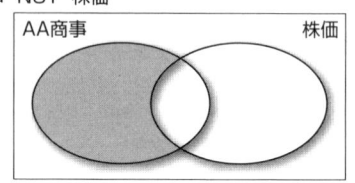

- 除外検索
  - 後のキーワードを含まない検索結果を表示する（NOT検索に同じ）
    ex：ＡＡ商事 －株価

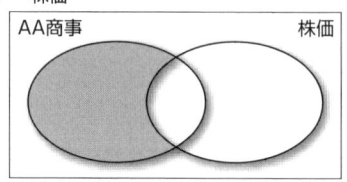

- フレーズ検索
  - キーワード順に、厳格に検索結果を表示する
    ex："ＡＡ商事"

**応用**
（　）を使った検索により、検索の優先順位を指定する。これはOR検索よりもAND検索の方が優先されるため、OR検索を優先させる場合に必要となる。
　　ex：ＡＡ商事　NOT（株価 OR B社長）

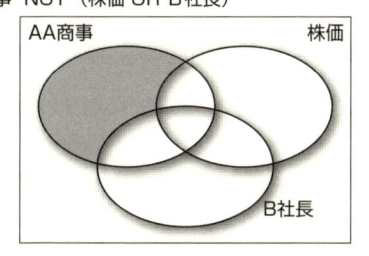

ex：（ＡＡ商事　OR　B社長）AND 株価

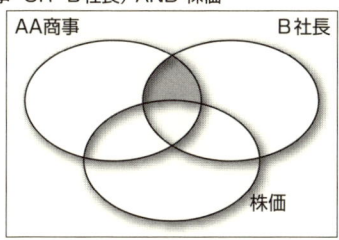

〈日常の監視対象とすべきウェブサイト群〉

### ①各種ニュースサイト
例：Yahoo!　MSN　goo　インフォシーク　フレッシュアイ等

特徴：大手ポータルサイトや大手プロバイダは、インターネット上でニュースコンテンツを配信しています。社会的に注目を集める事件や企業の不祥事等のニュースは、個人のブログや掲示板上のニュースサイトにも転載される等するため、1つの記事が複数にわたってインターネット上に公開されることになります。

### ②掲示板・口コミサイト　まとめサイト等
例：2ちゃんねる　食べログ　したらば掲示板　unkar

特徴：古くからの「ネット攻撃」の舞台であり、これまで様々な社会現象を生み出してきました。なお、1つの掲示板に投稿された情報等は、複数のミラーサイトやまとめサイト等への転載が繰り返されますので、全く同じ内容の投稿が、検索結果にいくつも表れてしまうことになります。

③SNS（ソーシャル・ネットワーキング・サービス）
例：facebook　twitter　mixi　MySpace　GREE等

特徴：共通の友人、趣味を持つ間柄でコミュニケーションを行うために利用されるインターネット・サービスであり、一定の個人情報が蓄積されます。「ネット攻撃」の「ツール」にはなりにくいとはいえ、最近では、ブログ同様、不用意な発言・意見が取り上げられることで、"炎上"の発端となる舞台となっています。

④動画サイト
例：YouTube　ニコニコ動画　FC2動画等

特徴：動画サイトの多くは、複数のポータルサイトと提携していることから、場合によっては一度に複数のサイトに配信されてしまうこともあるため、被害が拡散する原因にもなっています。なお、筆者が弁護士として受任したネットトラブル案件の中では、インターネット動画サイト「YouTube」が、比較的、短期間に削除要請に応じてくれています。

⑤ブログ
例：楽天ブログ　エキサイト　ココログ　FC2ブログ　Amebaブログ
　　So-net BLOG　はてなダイアリー　ライブドアブログ　goo等

特徴：もっとも身近な「投稿」ツールであるブログは、規範意識の低下にともない、様々な「ネット攻撃」を生み出しています。

⑥Q＆Aサイト
例：Yahoo! 知恵袋　教えて! goo　ライブドアナレッジ等

特徴：競合する企業の評判を下げるために、あえて「意地の悪い質問」と「回答」をセットで投稿する場合があります。質問に対する回答が締め切られるとこれらを削除することができない仕組みになっており、こういった悪質な質問は、検索結果の上位に表示されやすい特徴があります。

## 2 ソーシャルメディア管理者（コミュニティマネージャー）の設置

　ソーシャルメディアの普及が進んでいるアメリカ合衆国では、「（オンライン）コミュニティマネージャー」という職種・職分が存在し、ニーズが急速に広がっているといいます。

　米国の調査会社の調べでは、2009年時点で、インターネット上のウェブサイトで通信販売等を行っている小売業者の86％がfacebookを利用し、その他にも様々な職業の方々や企業が利用しているとのことです。

　しかしながら、前述の「派生型ネットトラブル」の事例（「TSUTAYA不謹慎ツイート」ネットトラブル事件の例）のとおり、企業の公式アカウント等を、管理の行き届かない一従業員に任せっきりにする等した場合、時に思いがけない"炎上"を招いてしまうことがあります。

　そこで、インターネット上で、ブランドや社会問題の動向に長け、これらに関するコミュニティを構築し、育成し、管理する業務を担う「（オンライン）コミュニティマネージャー」が求められることになるのです。

〈アメリカのネット小売業者によるソーシャルメディア利用状況〉

2009年8月～9月
オンライン小売業者が現在利用している（又は利用予定の）ソーシャルメディアツール(％)

|  | 利用中 | 1年以内に利用予定 | 1年以上先に利用予定 | 予定なし |
| --- | --- | --- | --- | --- |
| Facebook fanpage | 86% | 10% | 3% | 1% |
| Twitter | 65% | 19% | 7% | 9% |
| 顧客レビュー | 55% | 26% | 13% | 6% |
| ブログ | 55% | 25% | 12% | 8% |
| バイラルCM | 50% | 22% | 13% | 15% |
| Facebook Connect | 43% | 31% | 10% | 16% |
| Social listening | 36% | 31% | 19% | 14% |
| Q & A | 29% | 20% | 25% | 26% |
| community forums | 27% | 18% | 23% | 32% |
| product suggestion box | 19% | 26% | 20% | 35% |

情報元：The e-tailing group/PowerReviews
2009年9月9日「Community and Social Media Study」より
アメリカ合衆国の調査会社 eMarketer（http://www.emarketer.com/Welcome.aspx）の資料より作成したもの

（オンライン）コミュニティマネージャーは、具体的には、ソーシャルメディアを利用して、
① 自社の商品やサービスについて紹介し、コミュニティメンバー（ここでは顧客等）を増やす業務、
② 自社の商品やサービスに関する誤解を解消し、ネガティブ情報を減らす業務、
③ コミュニティメンバーのニーズを分析して企業に伝達し、また、企業の商品・サービス開発状況をコミュニティメンバーにフィードバックする業務、
④ 企業とコミュニティメンバー、コミュニティメンバーとコミュニティメンバー間のつながりを増やし、強化する業務、
を担うこととなります。

　もちろん、単に、企業内で「担当を任された」というだけで当該業務が務まるはずもありません。情報の「発信」と「吸収」の優れたバランス感覚を持ち、インターネット上の掲示板やコミュニティサイトにおける"マナー"、"タブー"を理解し実践し、かつ、顧客ニーズの所在を把握し、当該ニーズに合致した商品、サービスを提供する営業力が求められます。

　まだ、日本では、いまだ認知度が低い職種・職分ですが、今後、ソーシャルメディアの普及と企業での利用が進むにつれ、その重要性はさらに増すことになるでしょう。

## 第3節　内部通報窓口の活用

　内部通報制度とは、企業内において、法令違反の事実や、その予備、未遂段階の法令違反を知った従業員などが、所属部署の指揮命令系統を通じてではなく、企業内の専門部署や外部の内部通報サービス機関（弁護士事務所等）といった経営陣に直結した通報窓口に対し、直接、当該法令違反等を通報できる制度ないし仕組みを言います。

　詳細は『企業法務バイブル』（畑中鐵丸著　弁護士法人畑中鐵丸法律事務所編）103頁に以下のとおり記載するとおりですが、この制度のポイントは、内部通報を理由とする解雇、左遷といった「不利益扱い」を禁止するというところにあります。

〈内部告発、内部通報、公益通報の関係〉

　内部通報制度とは、企業内において、法令違反の事実ないしその予備・未遂段階の事実を知った者が、当該部門の指揮命令系統を通じてではなく、法務スタッフや顧問弁護士（契約法律事務所）等経営陣に直結した通報窓口に当該事実を直接レポートできる制度ないし仕組みをいいます。
　内部通報制度を構築・運用するにあたって、まず、用語を整理しておく必要があります。
　まず、「内部通報」とは、前記のとおり、法令違反事実等を知った企業の従業員が、企業内部での自浄的な法令違反状態の解消を目的として「企業が指定した企業内部の通報窓口」に事実をレポートすることであり、法令違反する事実が企業外部に出ることはありません。
　他方、「内部通報」と似た概念として「内部告発」がありますが、これは、企業内部の従業員が「企業の設置した内部通報窓口を経由せず」、監督行政機関や報道機関等外部の機関に自らが発見・認識した法令違反事実等を伝えることです。すなわち、「内部告発」がなされると、企業内の企業の法令違反行為に起因する不祥事関連事実が外部に流出し、企業としては危機的状況に陥ることになります。
　なお、内部告発行為に関しては、一定の要件を充足する内部通報や内部告発を「公益通報行為」として扱い、「公益通報行為」を行った従業員を解雇等してはならない、とする公益通報者保護法が施行されています。

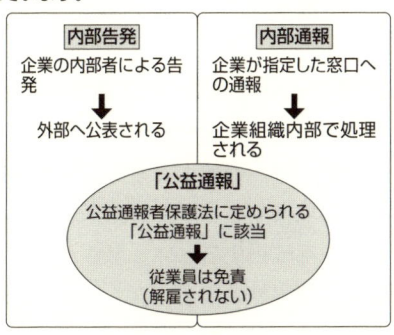

```
┌─────────────────┬─────────────────┐
│    内部告発     │    内部通報     │
│ 企業の内部者に  │ 企業が指定した  │
│ よる告発        │ 窓口への通報    │
│      ↓          │      ↓          │
│ 外部へ公表される│ 企業組織内部で  │
│                 │ 処理される      │
└─────────┬───────┴────┬────────────┘
          │    「公益通報」   │
          │ 公益通報者保護法に │
          │ 定められる「公益  │
          │ 通報」に該当      │
          │ 従業員は免責      │
          │ （解雇されない）  │
```

当該内部通報制度は、法令違反等の「企業の不祥事」をあらかじめ防ぐという点で有益であるだけでなく、「企業の不祥事」をいきなり外部に流出させずに、企業の自浄能力によって企業の内部のみで解決できる点に有用性があります。

　すなわち、食品偽装等の法令違反を繰り返している企業があったとして、正義感に燃える、ある従業員が上司にその旨を報告してもなおざりにされて取り合ってもくれない場合、消費者の健康に対する切羽詰まった危険性を感じた当該従業員は、これまでであれば、保健所やマスコミ等にリークし、外部の力をもって是正する方法をとることでしょう。

　しかしながら、インターネットという双方向性メディアが浸透し、誰でも簡単に、かつ匿名で情報発信できる今日、正義に燃える従業員が、インターネット上の掲示板等に当該法令違反の情報を発し、インターネット上の"騒ぎ"をもって是正するという方法をとることも十分に考えられます（先般、「尖閣諸島中国漁船衝突事件」につき、海上保安庁の職員が、尖閣諸島付近にて撮影されたビデオをインターネット上に公開した事件がありました。当該事件の政治的社会的意義に関する評価については本書では割愛するとして、当該職員の行動も、まさにインターネット上の"騒ぎ"をもって世論を動かし、是正を図ろうとした結果であると考えることもできます）。

　これに対し、内部通報制度を導入することによって、「外部への情報流出」という手段をもって企業の法令違反等の是正を試みる者の行動を踏みとどまらせることができますし、後述のとおり、内部通報制度を利用せずに企業の内部情報を漏洩したとして、守秘義務違反等を理由に、懲戒処分を行うための根拠とすることも可能となるわけです。

## 【尖閣諸島中国漁船衝突事件及びその後の映像漏洩事件】

　平成22年9月7日午前、日本の領土である尖閣諸島付近で操業していた中国船籍の漁船に対し取締りを行った海上保安庁の巡視船が、同漁船から体当たりを受け、一部破損するという事件が発生しました。
　漁船の船長は公務執行妨害等の罪名で直ちに逮捕されましたが、その後、処分保留のまま釈放されました。

当時、漁船の船長の釈放には、中国からの圧力があったのではないか、といった憶測が飛び交い、同年10月２日には中国に対する数千人規模のデモが行われる等、社会問題にも発展しました。
　このような状況の中、同年11月４日午後９時過ぎ、漁船衝突の様子を撮影したビデオがインターネット動画投稿サイト「YouTube」に「sengoku38」というアカウントで投稿され、当該映像の存在が２ちゃんねる等のインターネット上の掲示板を通じて拡散し、翌日早朝にはテレビニュース等でも取り上げられ、広く国民の知るところとなりました。
　これに対し、同年11月８日、当該映像を管理する海上保安庁は、被疑者不明のまま国家公務員法違反（守秘義務違反）、不正アクセス法違反等の疑いで警視庁等に告発しました。
　その後、海上保安庁第５管区海上保安本部所属の現職の海上保安官が当該映像を投稿した本人であると名乗りでたことにより、さらに世間の注目を浴びることとなりました。
　当該海上保安官は、後日、出演したテレビ番組等で「衝突映像が闇から闇へ葬られてはいけないと思った」旨、映像を投稿した理由を述べ、インターネットの特性を利用した行動であったことを認めています。
　各種の報道では、国益を守るための映像の漏洩と公務員の守秘義務の相克関係が議論されたりしましたが、世論は当該海上保安官の行動を容認する考えが多く、また、インターネット上では、（本人が名乗り出る前の）「sengoku38」の行動が、昨今の中国の行動に対する毅然とした態度として映り、英雄視されるなどしました。
　なお、当該海上保安官は罪に問われることはありませんでしたが、停職12カ月の処分が下されるとともに退職届が受理され、退職に至っています。

## 第4節　情報管理

```
ビジネスにおける事業形態の選択ミスが招いた「ネット攻撃」の例

22：(仮称)名無し邸新築工事：20**/**/20(金) **:**:**.** ID:****
　Ａ社の新しい工事の建築確認が下りたのって、○×省から天下った人間が関
　係してるからじゃん。

523：(仮称)名無し邸新築工事：20**/**/20(金) **:**:**.** ID:****
　Ｂ社の新築マンションの販売開始が3カ月遅れたのは、コンクリート強度に問
　題が見つかったかららしいね。買わなくて良かった。
```

　また、ビジネスの設計・構築段階では、徹底した情報統制を図ることと、タイミングを見極めた上でのプレスリリース等も重要となります。

　社内で新規ビジネスに関与する者とそうでない者との間にチャイニーズウォールを設定することはもちろんのこと、パソコン内の情報へのアクセス権を制限したり、場合によっては、新規ビジネスに関する情報・書類等を一つの部屋に集約し、人の出入りを新規ビジネスに関与するメンバーに限定する、といった方法も必要となるでしょう。

　そして、適切な時期における適切な内容のプレスリリースも重要です。新規ビジネスは往々にしてトラブルを抱えやすいものですが、仮に、トラブルを抱えてしまった場合であっても、これを秘匿すればかえって憶測が憶測を呼ぶことになりますので、

　① 当該トラブルの評価、
　② 実施した対応策、
　③ 現時点ではトラブルが解消したこと

等をしっかり開示するなどして、情報コントロールに努める必要があります。

## 【「グリコアイスの実」情報"フライング"事件】

　平成23年6月13日発売の「週刊プレーボーイ」の表紙に、人気グループ「AKB48」の新メンバー「江口愛実」の写真が掲載されました。

　当時、江崎グリコ社の商品「アイスの実」のCMに起用されるなど、一躍、注目を浴びることになった新メンバーですが、当該CMが放映された当初から、2ちゃんねる等のインターネット上の掲示板を中心に「CG合成」の噂が飛び交い、その真相についてTVのワイドショーで取り上げられたりもしました。

　このような中、同じく「AKB48」のメンバーの一人が、6月14日付の自身のブログに、「私も撮影したんですが、果たして私の顔のパーツいつ使われるのでしょうか（笑）」と、「CG合成」説を裏付けるような投稿をしたことから、インターネット上では、さらなる"盛り上がり"の様相をみせました。

　その後、同じ「週刊プレーボーイ」が"ネタばらし"を行い、また、これにあわせるかのように江崎グリコ社もウェブサイトで公式発表するなどしたことから、インターネット内外での"盛り上がり"は一応の収束をみせました。

　もちろん、江崎グリコ社としては、「江口愛実」のリリース後、ある一定の時期に、自ら"ネタばらし"を行うことを予定していたと思われますが、メンバーの一人のブログから情報が流出してしまったことについては予定"外"であったことでしょう。

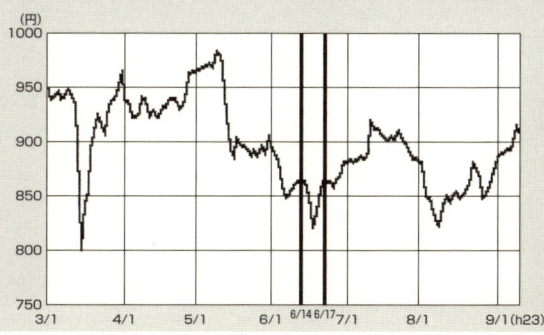

〈江崎グリコ㈱の株価チャート（平成23.3.1～平成23.9.1）〉

「江口愛実」は、AKB48のプロデューサー、集英社（週刊プレーボーイ）、江崎グリコ社などの共同企画であったと思われますが、関係者の情報統制の小さなほころびから発生したネットトラブルの一例ということができます（わざと情報を流出させた、という説もありますが）。

　なお、結果的に、「江口愛実」は、関係者の思惑通り、インターネット内外を問わず大きな話題となりましたが、一方で、このような広報手段に反感を抱く者も多く、インターネット上の掲示板等では、AKB48、江崎グリコ社に対する批判的な書込み・投稿も目立ちました。

　また、因果関係の有無は不明ですが、「江口愛実」の事実関係が発覚した６月14日から６月17日にかけて江崎グリコ社の株価が下落するという現象が起きていることも考えると、今回の件は、やや"やりすぎ"であった感は否めないところです。

# 第3章

## 予防対策における課題

第1節　日常業務としての認知・発見作業
第2節　社内チャイニーズ・ウォールの設定
第3節　ネットトラブルに関する従業員の教育
　　　　（特に「従業員派生型」への対応）

## 第1節　日常業務としての認知・発見作業

　企業内に企業の細部・末端・最新の情報まで全てを俯瞰的に見渡すことができる位置からインターネット上の「企業に関係する情報」を探索し、認知・発見できる立場の専門の部署・部員を設置することの重要性は第2章第2節で述べたとおりです。

　このような部署・部員において、常に「ネット攻撃」を認知・発見する作業を継続し、「ネット攻撃」を"火種"の段階で把握することができれば、素早く後述の有事対応を開始することができますし、適切なプレスリリースも可能となります。

　例えば、先に紹介した「UCC上島珈琲・ツイート」ネットトラブル事件では、UCC社は、インターネット内の「慣習」を無視したツイートの"炎上"後、わずか2時間20分後には当該"炎上"に気づき、同社のウェブサイト上で、「慣習」を無視したツイートを行ったことに対する謝罪文を発表しており、今度は、このようなUCC社の姿勢を評価するツイートが飛び交うに至っています。

　もちろん、「企業の不祥事」を発端とする「ネット攻撃」のように元々の"ネタ"が大きい場合は簡単に収束させることは難しいでしょう。

　しかしながら、そういう場合であっても、「ネット攻撃」を素早く認知・発見することで、「企業の不祥事」の"発覚"をいち早く関知することができますし、調査委員会の設置や事実調査の開始、株主・取引先等のステークスフォルダーへの説明等に能動的に取り組むことが可能となります（取引先等からの指摘によって、初めて「企業の不祥事」が発覚したことを知っては、事後対応は必ず後手後手に回ってしまいます）。

　また、企業内の「秘密情報の暴露」を発端とする「ネット攻撃」の場合には、「ネット攻撃」を素早く認知・発見することで、いち早く企業内外の関与者の探索、証拠の保全といった作業に取りかかることが可能となります。

　このように、ネットトラブルを未然に防ぐ最も適切な方法（または、早期に解決する方法）は、「ネット攻撃」を素早く認知・発見することに尽きる、と考えることができます。

## 第2節　社内チャイニーズ・ウォールの設定

　ネットトラブル対策法務に限ったことではありませんが、ネットトラブルを未然に防止するためには、企業内におけるチャイニーズ・ウォールの設定も肝要です。

　そもそも、チャイニーズ・ウォールとは、特に金融の世界では本来、「万里の長城」の意味ですが、これが転用されて同一企業内の部門間に設けられる情報障壁を意味する言葉として使用されています。例えば、上場準備中の企業情報や金融商品取引法上の重要事実に接する証券会社の法人担当部署と、有価証券等の金融商品を売り出す営業担当部署の間等に必要とされるものです。

　チャイニーズ・ウォールとして、企業内の一定の情報に対するアクセス制限や、部署の物理的な隔離（未発表の新規プロジェクトに携わるチーム人員の物理的な隔離）という方法をとることも大切ですが、チャイニーズ・ウォールの対象となる部署・部員自体の管理も重要です。

　すなわち、単に、秘密にするべき情報に接している部署・部員と、そうでない部署・部員を"分ける"だけではなく、これら情報に接している部署・部員の管理として、彼らが保持している情報のチェック・リストを作成したり、情報へのアクセス時期、回数等を管理したり、また、定期的に面談やカウンセリングを行うことも重要なのです。

　そして、このようなチャイニーズ・ウォールの設定、管理も大切ですが、これらの理解を深め、実践できるようにするためには、後述の従業員教育も忘れてはなりません。

## 第3節　ネットトラブルに関する従業員の教育
（特に「従業員派生型」への対応）

### 1　従業員教育のポイント

　先に紹介した「ウェスティンホテル東京・ツイート」ネットトラブル事件でも、「アディダス・新人従業員ツイート」ネットトラブル事件でも、舞台となった企業は、従業員を入社させるに際し、適宜の守秘を誓約させていたことでしょうし、ホテルやショップといった常に顧客と接するタイプの企業特有の「顧客との接し方」教育も含めた新人教育を徹底して行っていたことでしょう。

　しかしながら、なぜ、このような事件が発生するのかについて検討するに、これらの教育が"活きた教育"ではなかったことが一つの原因であると考えられます。

　いくら守秘を誓約する文書に署名させても、いくら通り一遍の教育を行ったところで、具体的場面を想定していない教育は絵に描いた餅並みに意味がありません。

　なぜ、自動車教習所では、免許取得時や更新時に、凄惨な交通事故の写真や映像を受講者に見せたり、死傷事故を起こした者に対する刑事裁判の模様や交通刑務所での厳しい生活状況を教示したりするのか。これは、受講生にあえて"リアル"な場面を見せることで、彼らの視覚や脳を刺激し、もって、意識的にも無意識的にも交通ルールを遵守するよう教育するためなのです。

　ネットトラブルに関する従業員教育も同じことです。自社の従業員に過去の様々なネットトラブルの"リアル"な場面を見せ、当該ネットトラブルの端緒となった従業員の行動と、自身の行動とを重ね合わせる作業をさせることで、意識的にも無意識的にも企業内規則やルールの遵守を体得させることが重要なのです。

　なお、従業員教育として、よく、下記の項目が挙げられていますが、これにあわせて、

　　①　情報統制の重要性、
　　②　パソコン、インターネット関連の基礎知識、

③ 「ネット攻撃」に関する過去の民事刑事の事件、
④ 被害発生時の対処法、

も、しっかり教育する必要があります。

〈従業員教育の体系的項目〉

① 新入社員教育として、
　A）社会人としての心構え・意識の変革
　B）自社の基礎知識、所属部署の基礎業務の理解
　C）ビジネスマナーの獲得
　D）コミュニケーション能力の拡充

② 一般社員教育として、
　A）スキルアップのための各種資格の取得
　B）業務の効率化、作業スピードのアップ

③ 営業社員教育として、
　A）営業のタイミングの測り方と迅速性の確保
　B）商品・サービスの理解
　C）顧客ニーズ、市場ニーズに対する観察力の獲得

④ 管理者教育として、
　A）経営目標の立案能力の獲得
　B）責任感の養成
　C）人員の管理・監督能力の獲得
　D）部下の能力を引き出す方法の獲得

## 2　従業員のパソコン管理の可否

　情報管理の観点から従業員のパソコン使用状況を調査したり、電子メールの閲覧を行ったりすることが可能かどうか問題となります。

　確かに、従業員によるパソコン使用状況の調査については、「パソコンは会社の資産であって私物じゃないから、会社が会社の資産の運用状況を調べるのは当然」という論理も成り立ち得ます。

　しかしながら、調査の可否については、過去、裁判でも争われており、「会社による利用状況のモニタリングが無条件、無限定に可能」というわけではない、というのが一般的見解です。

　例えば、従業員の私用メールを上司が無断で閲覧した事件において、東京地方裁判所平成13年12月3日判決は、「監視目的、手段およびその態様等を総合考慮し、監視される側に生じた不利益を比較衡量の上、社会通念上相当な範囲を逸脱した監視がなされた場合に限り、プライバシー権の侵害となること解することが相当である」と判断しており、裁判例上、従業員のパソコン使用状況を調査することがプライバシー権侵害となり得ることのルールが採用されています。

　もっとも、前記裁判例では、「従業員による電子メールの私的使用の禁止が徹底されたこともなく、従業員の電子メールの私的使用に対する会社の調査に関する基準や指針等、会社による私的電子メールの閲覧の可能性等が従業員に告知されたこともない・・(中略)・・ような事実関係の下では」という限定がなされております。

　したがって、上記裁判例は、「これまで、私的な電子メールの使用を厳格に禁止したこともなく、また、私的な電子メールについて監視する可能性があることを告知したこともないにもかかわらず、何の前触れも告知もなく、突然、興味本位で調査を開始するような場合にはプライバシー権侵害の問題となり得る」と理解することができます。

　上記裁判例を前提とすれば、従業員から、あらかじめ「必要かつ相当な範囲において会社が、私のパソコン使用状況を調査することに同意します」旨の文書を徴収しておけば、後々、従業員からプライバシー権侵害云々の主張をされることを、ある程度、防止することもできます。

〈調査同意文書のサンプル〉

○○○○株式会社　御中

調査同意書

　私は、貴社が機密情報の保護・雇用管理その他貴社の経営の都合上、私に断りなく、私の発信しあるいは受信する電子メールや私が保有するパーソナルコンピュータその他の端末から社内外のサーバにアクセスしあるいは操作した状況等をモニタリングすることを予め異議なく承諾し、同意します。

X月Y日
従業員氏名　△△△△　㊞

## 3 従業員のソーシャルメディア等利用に関する企業内ガイドラインの策定

序章第2節で述べたとおり、従業員のソーシャルメディア利用に起因する「派生型ネットトラブル」が増加しています。

これを予防するためには、もちろん、前述の徹底した従業員教育を行うことも肝心ですが、従業員のソーシャルメディア等の利用方法に一定の制限を設けることを検討する必要があります。

もっとも、勤務時間中ならまだしも、勤務時間外の私的なパソコン、スマートフォンによるソーシャルメディア等の利用自体を制限することは就業規則をもってしても不可能ですし、強行すれば、それこそ労働問題の火種となりかねません。

これに対し、「ソーシャルメディア等を利用して顧客の誹謗中傷を行ってはならない」、「ソーシャルメディア等を利用して企業秘密を開示してはならない」等の"べからず集"を作成し、これを規則化することも考えられます。しかしながら、これらは「ソーシャルメディア等の利用」に限らずとも、既に就業規則や誓約書等で厳しく規制されていることから、わざわざ新たに作成する必要性を欠きます。それに、このような方法では、前述の例のように、「ああ、そういえばそんな規則もあったね」で終わってしまい、実効性ある行動規範にならないおそれがあります。

そこで、「ガイドライン（ポリシー）」という方法をとることを慫慂します。

そもそも、「ガイドライン（ポリシー）」とは、組織・団体における個人または全体の行動に関する「守るのが好ましいとされる規範（ルール・マナー）」や「目指すべき目標」などを明文化したものを指します。これらは、特段の拘束力や強制力を持つものではありませんが、その分、作成にあたっては自由度が高く、また、変更する際も面倒な手続がいりません（なお、就業規則を従業員にとって不利に変更する場合には、合理的理由の具備や従業員の同意等、煩雑な手続が必要となります）。

このような「ガイドライン（ポリシー）」の特性を活かして、従業員の「ソーシャルメディア等の利用」に関する「守るのが好ましいとされる規範（ルール・マナー）」や「目指すべき目標」を定めるわけです。

そして、最も重要なことは、これら企業"内"の「ソーシャルメディア等

の利用に関するガイドライン（ポリシー）」を、あえて企業の"外"にむかってアピールすることです。

　通常、企業の就業規則や誓約書等は企業外に開示されることはありません。これに対し、「ソーシャルメディア等の利用に関するガイドライン（ポリシー）」を、企業のウェブサイトに掲載したり、電子メールの署名欄の一部に記載したりすることで、企業"内"向けには、常に従業員の注意を喚起することができますし、企業"外"向けには、「従業員のソーシャルメディア等の利用に対する企業の姿勢・意見」を広くアピールすることができるわけです。

　このように、企業の"外"にむかってアピールしておくことで、万が一、従業員のソーシャルメディア利用がきっかけで「派生型ネットトラブル」が発生してしまった場合でも、企業が注意義務を十分に尽くしていたことの証明にもなりますし、いわば、一種の"免罪符"として活躍するわけです（企業とすれば、「弊社はガイドラインを定めるなどして従業員によるソーシャルメディア等の利用方法について厳しく管理してきた次第ですが、今般の件は、大変、遺憾であると考えざるを得ません」旨のプレスリリースで足りるわけです）。

　次頁のウェブサイトは、インターネット関連企業のシックス・アパート株式会社の「ソーシャルメディア利用ガイドライン」です。

　「個人情報や秘密情報を公開しないこと」、「常に良識ある発言・投稿を心がける」等、ソーシャルメディア利用の最低限のルール（わざわざ企業に言われるまでもないインターネットにおける当然のルール）から、「サポート外の専門的な投稿をする場合には、個人としての投稿であることを明記すること」、「会社としての正式な見解や回答では無いことを明示する」等、インターネット関連企業ならではの鋭い指摘もあり、実によくまとめられており、とても参考になるガイドラインです。

　これらを、広く、自社ウェブサイトに掲載することにより、従業員のソーシャルメディア利用時の注意意識は高まりますし、企業にとっても"外"に向かって自社の取組みをアピールできる良い機会となっていると評価することができます。

　もう一つのガイドラインは、内閣官房等が国や地方自治体におけるソーシャルメディア利用時の指針を定めたものです。

もちろん、法的拘束力があるものではありませんが、とても簡潔にまとめられておりますので、各企業におけるガイドライン策定時の参考になります。

〈シックス・アパート社のソーシャルメディア利用ガイドライン〉

---

### シックス・アパート ソーシャルメディア利用ガイドライン

このガイドラインは、シックス・アパート株式会社の社員や契約社員（アルバイト）、業務委託者など（以下、シックス・アパート関係者という）を対象に、ブログなどのソーシャルメディア・サービス（以下、ソーシャルメディア・サービスという）に関わるための振る舞いや基本マナーについて定めています。

シックス・アパートは、ソーシャルメディア・サービスの普及発展のため、本ガイドラインの利用を、クリエイティブ・コモンズの「表示継承の条件」で許諾します。

許諾条件
http://creativecommons.org/licenses/by-sa/2.1/jp/legalcode

#### 投稿に関するガイドライン

シックス・アパートは、シックス・アパート関係者が、個人でのソーシャルメディア・サービスの利用を規制しません。むしろブログやソーシャルメディアの開発や普及を担う会社に携わる個人として、積極的に活用する事を推奨します。ただし各人のソーシャルメディア・サービスにおける投稿に関しては、以下のガイドラインに従うこととします。

**個人情報や秘密情報を公開しないこと**

別途定める「シックス・アパート株式会社個人情報保護規程」に定義されている個人情報（ユーザー情報や取引先の情報など）、また「情報管理規程」に定義されている重要情報・秘密情報・機密情報・極秘情報（開発情報や未発表のPR情報など）は、いかなる場合においても公開してはいけません。

**会社の不利益になるような発言は避けること**

シックス・アパートやシックス・アパート製品について、会社の不利益となる恐れがある発言は避けましょう。ただし、シックス・アパートやシックス・アパート製品を褒めるだけではなく、万が一、製品にバグがあったり公開している情報が間違っていたりした場合などは、真摯に事実を受け止め、誠実な受け答えを心がけましょう。また常に正しい情報を投稿できるように心がけましょう。

**サポート外の専門的な投稿をする場合には、個人としての投稿であることを明記すること**

Movable TypeやTypePad、zenback BIZなどの有償製品は、有償で技術サポートを提供しています。こうした有償サポートの範疇外で、テクニカルな情報などの専門的な話題について投稿する場合は、個人としての投稿であり、会社としての見解やサポートではない旨を分かるようにしましょう。

**製品名や社名について記述する場合は、できるだけ正式な表現とすること**

Movable Type、TypePad、zenback、シックス・アパート（Six Apart）など、製品名や社名について記述する場合は、極力正式な表現を心がけましょう。慣用的に使われていて広く世間にも浸透している表現（例「Movable Type 5」→「MT5」）などはこの限りではありませんが、間違ったブランド表現は行わないようにしましょう。シックス・アパートの製品／サービスの正式名称は、「シックス・アパート株式会社 商標規定（http://www.sixapart.jp/about/trademark.html）」のページを参照してください。

**違法性のあるコンテンツ、極端な誹謗・中傷を含む発言を行わないようにすること**

ソーシャルメディア・サービスでの活動は、各人の良識に委ねますが、違法性のあるコンテンツの投稿、極端な誹謗・中傷を含む発言や投稿を行わないようにしましょう。

**個人の所有するアカウントに関するガイドライン**

シックス・アパート社員が個人で利用する各種ソーシャルメディア・サービスのアカウントの説明やプロフィールに、シックス・アパート関係者である事を明記するかどうかは、各人の判断に委ねます。ただしアカウントの説明やプロフィールにシックス・アパート関係者である事を明記している場合は、以下のガイドラインに従いましょう。

**シックス・アパートに属していることを正しく伝えること**

シックス・アパート関係者が個人で利用するソーシャルメディア・サービスのアカウントの説明（例：プロフィール）には、シックス・アパートに所属していることを正しく伝えるために、業務に支障がない範囲で、部署や役職、職種を明記する事を推奨します。ただし各人が利用するソーシャルメディア・サービスのプロフィール全てに明記する必要はありません。必要に応じて判断しましょう。

**会社としての正式な見解や回答では無いことを明示する**

ソーシャルメディア・サービスでの投稿が、個人としての投稿であり、会社としての正式な発言や見解、回答では無いことを、アカウントの説明で明記しましょう。また認識の齟齬を避けるために、必要に応じて個別の投稿に、会社としての正式な発言や見解、回答では無いことを示しておくのは良いアイディアです。

**常に良識ある発言・投稿を心がける**

ソーシャルメディア・サービスでの活動は、各人の自由です。ただし、シックス・アパート関係者であることを明記している以上、各人が発する発言や投稿は、シックス・アパートの信頼性やブランドに大きく影響していることを心がけて、常に良識ある発言・投稿を心がけましょう。

以上

2011年9月1日
シックス・アパート株式会社
これらの内容は、社内外の状況に応じて予告なく変更される場合があります。
(c) Six Apart 2010 Creative Commons License.

内閣府の「国、地方公共団体等公共機関における民間ソーシャルメディアを活用した情報発信についての指針」

資料

国、地方公共団体等公共機関における民間ソーシャルメディアを
活用した情報発信についての指針

平成23年4月5日
内　閣　官　房
情報セキュリティセンター
情報通信技術（ＩＴ）担当室
総　　務　　省
経　済　産　業　省

　近年、インターネット上のさまざまな民間ソーシャルメディアサービス（以下、「ソーシャルメディア」という。）の普及に伴い、国、地方公共団体等の公共機関において、情報発信等の強化のために、こうしたサービスを利用する事例が増えてきています。特に、平成23年3月11日の東日本大震災の発生以降、震災対応に関する情報の発信のため、多くの機関でソーシャルメディアが活用されています。
　震災対応のような時々刻々と状況が変化する情報を迅速に国民に発信していくためには、Ｗｅｂサイトへの情報掲載とともに、ソーシャルメディアも積極的に併用していくことが望まれます。一方で、ソーシャルメディアサービスの利用に当たっては、情報発信者とシステム管理者が異なることや機関ごとに活用方法が異なることから、共通的な留意点を下記のとおり示すこととします。
　本指針は、現下の震災対応の中で、国、地方公共団体等におけるソーシャルメディアの利用が増加していることから、当面留意が必要な事項について示すものであり、今後、必要に応じて関係機関で協議し、見直し等を行っていくこととします。各府省におかれては、所管の独立行政法人、特殊法人及び認可法人並びに国立大学法人及び大学共同利用機関法人においても以下を踏まえて検討が行われるよう御協力をお願いいたします。

記

（１）成りすまし等の防止
①アカウント運用者の明示
・ソーシャルメディアは、誰でもアカウントを開設することが可能であるため、公的機関が運用していることを証明し、国民に周知することが必要です。
・ソーシャルメディアの提供機関等が、認証アカウントの発行を行っている場合には、可能な限り、認証アカウントの取得を行ってください。
・また、ソーシャルメディアを利用する機関が自身で管理しているＷｅｂサイト（.go.jp、.lg.jpドメインが望ましい。以下、「自己管理Ｗｅｂサイト」という。）内において、利用するソーシャルメディアのサービス名と、そのサービスにおけるアカウント名もしくは当該アカウントページへのハイパーリンクを明記するページを設けるようにしてください。加えて、運用しているソーシャルメディアのアカウント設定の自由記述欄において、当該アカウントの運用を行っている旨の表示をしている自己管理Ｗｅｂサイト上のページのＵＲＬを記載してください。

②成りすましが発生していることを発見した場合
・ソーシャルメディアを利用していない場合には、自己管理Ｗｅｂサイトに当該ソーシャルメディアを利用していない旨の告知を行う等の周知や、信用できる機関やメディアを通じ、成りすましアカウントが存在することの注意喚起を行

ってください。

③その他の注意
・本来のＵＲＬ（ドメイン）をわからなくする、ＵＲＬ短縮サービスは、原則使用しないようにしてください。
・公共機関のアカウントにおいて、第三者アカウントの投稿の引用や、第三者が管理又は運用するページへのリンクを掲載することは、当該の投稿やページの内容を信頼性のあるものとして認めるものと受け取られることも考えた上で、慎重に行うようにしてください。

（２）アカウント運用ポリシーの策定と明示
・アカウント運用ポリシー（ソーシャルメディアポリシー）を策定してください。その際、他の公共機関・民間企業が公開しているものを参考にしてください。
・ソーシャルメディアのアカウント設定における自由記述欄、又は、ソーシャルメディアアカウントの運用を行っている旨の表示をしている自己管理Ｗｅｂサイト上のページに、アカウント運用ポリシーを掲載してください。（自組織内にも周知しておくことが望ましい。）
・特に、専ら情報発信用途に用いる場合には、その旨をアカウント運用ポリシーに明示してください。

以上

## 4　従業員等の守秘義務管理

　新規ビジネスや新商品・新サービスの正式発表前に情報が漏洩した場合、特に、新商品・新サービスの開発にトラブルが発生している場合には、憶測が憶測を呼び、情報が錯綜し、収拾のつかない状況に陥るリスクがあります。

　そこで、従業員に対し、情報を統制することの重要性の理解に努めるほか、従業員一人一人から守秘義務誓約書を提出させるなどして、日頃から情報保秘の必要性、重要性につき理解・認識させる必要があります。

　また、現代における高度に複雑化した取引形態の下では、自社の従業員の以外にも派遣社員、出向社員など直接的にビジネスに関わる者、取引先、業務提携先企業など間接的にビジネスに関わる者、サーバやパソコン等のメンテナンス業者、掃除業者などビジネス自体には関与しないが情報を入手することが可能な者など、様々な者が情報に接触し、共有する可能性があります。

　そこで、これらの者からも同様の守秘義務誓約書を提出させ、情報管理を徹底する必要があります。

〈守秘義務誓約書サンプル〉

　　　　　　　　　　　　　　　　　　　　　　　　　平成　　年　　月　　日
〇〇株式会社　御中
　　　　　　　　　　　　　誓約書
私は、貴社に入社にあたり、今後、貴社の従業員として、下記の各事項のすべてを厳格に遵守することを約束し、その証としてこの誓約書を差し入れます。

　　　　　　　　　　　　　　　　記

1、　貴社の就業規則などの諸規則・諸規程や業務命令を遵守し、誠実に職務に従事いたします。
2、　貴社との雇用関係終了後〇〇年（仲裁機関その他の公的紛争解決機関がこれより短い期間を以て有効期間とした場合、当該期間のうち最も長期の期間とする。以下、本書における期間の定めについては同様とする）が経過するまでの間、私は、貴社から書面による了解を得ることなく、貴社従業員を私や「貴社との雇用関係終了後において私が新たに就業する会社等、私の関係する第三者（以下、「転職先等」といいます）」との雇用契約を締結するよう勧誘したり、また、貴社の顧客等に接触し、貴社の顧客等に私や転職先等との契約締結を勧誘したりいたしません。
3、　貴社との雇用関係終了後〇〇年が経過するまでの間、私は、貴社の書面による了解なく、貴社と同業または競業関係にある会社等に就職したりいたしませんし、貴社と競業する事業を自ら営んだり、貴社と競業する第三者との事業に関与したりいたしません。なお、本項による競業禁止に関して

は、貴社就業規則に定められた退職金額が、雇用関係終了後一定期間内競業することを禁止することを前提とし、当該転職ないし起業の制限に対する合理的補償を含む額として算定されていることを異議なく認め、この面からも、雇用関係終了後一定期間の競業制限は合理的な措置として異議なく受け入れます。

4、　私は、貴社に対して、「貴社に関する次の各情報（以下、「本件機密」といいます）は、私が作成したものや私の記憶に内在するものも含めて、全て貴社に固有のものであり、私は何らの使用しあるいは利用・譲渡等する権利を持たないこと」を厳に確認します。
　（ア）事業資料及び財務資料：事業計画書、事業提案書、営業計画書、営業企画書、財務諸表及び経理資料、人事等に関する情報（従業員の地位、職責、住所、電話番号等の個人情報を当然に含むがこれに限らない）
　（イ）価格情報：製品の原価情報、原価計算情報、販売価格・卸価格情報、リベート（値引き）に関する情報その他価格情報並びに価格決定に関する情報一切
　（ウ）コンピュータソフト及びデジタルデータ：各種コンピュータソフトウェア（カスタマイズあるいは開発されたものやこれらの途上のものも含む）及びこれらの運用によって作成ないし整理されたデータ
　（エ）顧客情報：現顧客・潜在顧客を問わず、顧客情報、顧客リスト及び顧客に関連する情報一切
　（オ）協力会社情報：貴社仕入先ないし貴社提携先の、存在、呼称・連絡先あるいはこれらの会社との契約内容・取引内容、技術援助、外部委託関係及びこれらに関連する一切の情報
　（カ）製法等：事業モデルに関する情報、製品設計に関する情報、製品の原材料、製品製造手法、製品製造工程、製品コンセプト、製品企画、製法マニュアル・使用マニュアル類、その他製品ないし販売方法に関する全てのノウハウ及び情報一切
　（キ）実験結果：貴社在職中に行った実験、分析により得たデータや、他製品（試作品や部品を含む）開発過程で得たデータ
　（ク）以上の他、私が、貴社在職中に、知り得た貴社事業に関する情報一切

5、　私は、「在職中及び雇用関係終了後、本件機密が機密としての価値を法律上のみならず事実上・経済上も完全に喪失するまで」あるいは「在職中及び雇用関係終了後〇〇年間」のいずれか長い期間、貴社の書面による了解なく、第三者に対して開示、漏洩または直接・間接問わず、第三者の使用に供しないことをお約束します。

6、　私は、貴社の書面による了解なく、本件機密ないしこれらを格納あるいは表章した媒体（書類、写真、カセットテープ、ビデオテープ、フィルム、フロッピーディスク、CD、DVD、USBメモリ、ポータブルハードディスク等一切。）を貴社オフィスや事業所から移動しないことをお約束いたします。なお、当然のことながら、私は、本件機密を私用メールアカウントに添付送信する形にて、当該メールアカウントのメールサーバ内や当該メールを受信した端末内の記憶装置に留め置くことも一切いたしません（以下、前記各媒体や私用メールアカウント添付送信の方法にて本件機密が格納された場合における当該メールサーバやメール受信端末の記憶装置を「本件機密格納媒体」といいます）。

7、　私は、本件機密格納媒体のうち、貴社在職中に私が保有を命じられあるいは保有を容認されたものは、全て私が責任をもって保管し、私と貴社との雇用関係終了時にはこれらの全ての媒体を貴社に対して返還ないし消去すること（本件機密格納媒体のうち、後任者に引継を要するものは、貴社の指定する引継方法を了した上で返還すること）をお約束いたします。

8、　私は、貴社在職中において私が主体となりあるいは私が創作ないし発明等に関わった一切の知的財産権等については、職務発明ないし職務著作等として、貴社にのみ排他的に帰属することに異議なく同意します。なお、職務発明に関しては、貴社の職務発明に関する譲渡及び対価算定に関する規定を合理的なものとして受け入れ、これを事後争いません。また、私が、創作ないし発明等にかかわった著作について、私に著作者人格権が生じた

としても、これを一切行使しないことを厳にお約束申し上げます。
9、 職務発明に関してあらかじめ貴社に譲渡することに合意する関係上、私は、本件機密に関して生じあるいは生じるべき一切の知的財産権は貴社にのみ排他的に帰属することを認め、これを事後一切争いません。
10、 万が一、私が貴社に対して本書にてお約束した事項の一に違反した場合、組織としての貴社の組織運営を揺るがす重大な雇用契約上の違反であることを認め、即時の解雇ないし退職勧奨に応じ、これを争いません。また、かかる契約違反に基づき損害が生じた場合、仲裁機関等が決定する損害額のすべてを即時に貴社に対して賠償します。
11、 私は、貴社退職前後を問わず、貴社在職中の非違行為が発覚した場合、就業規則〇〇条の規定に基づく場合として、退職金が不支給となるべきことを予め異議なく同意します。
12、 私は、貴社が、その人事政策、従業員の福利厚生及び緊急連絡を含む雇用管理等の目的、その他営業上ならびにセキュリティー対策上の目的を達成するに必要な範囲で、私及び私の親族に関する個人情報を取得し、利用し、あるいは第三者に提供することに同意します。
13、 私は、貴社が機密情報の保護・雇用管理その他貴社の経営の都合上、私に断りなく、私の発信しあるいは受信する電子メールや私が保有するパーソナルコンピュータその他の端末から社内外のサーバにアクセスしあるいは操作した状況等をモニタリングすることを予め異議なく承諾し、同意します。
14、 この誓約書からまたは誓約書に関連して、私と貴社の間に生ずることがあるすべての紛争、論争または意見の相違は、社団法人日本商事仲裁協会の商事仲裁規則に従って同協会の選定にかかる弁護士資格ある仲裁人を双方合意選定にかかる仲裁人として、東京都内において、非公開仲裁手続により最終的に解決することに合意します。私は、かかる仲裁人によりなされた判断は最終的であり、私と貴社を拘束するものとすることを理解し、かかる判断にしたがい、争いません。私は、仲裁人の行った判断に従い、異議を述べないものとし、また、仲裁人が仲裁判断をなすに当たり、私あるいは貴社を審尋せず、また理由の付記を省略しても異議を述べないものとすることに合意します。なお、本仲裁合意に基づく当然の法的効果として、私は貴社に訴訟提起をしないことを約するとともに、仮に私が訴訟を提起したとしても本仲裁合意が妨訴抗弁となり、訴訟が当然に却下されるべきことを異議なく確認します。

以上

住所

氏名

# 第4章

# 有事対応における課題

「ネットトラブル対策法務」における有事対応フェーズの課題として、A．民事手続である、ａ．投稿等の削除を求める仮処分、ｂ．掲示板やウェブサイトの管理者に対する損害賠償請求訴訟、ｃ．投稿を行った者を特定するための発信者情報開示請求訴訟、及び同者に対する損害賠償請求訴訟、B．刑事手続として、警察への相談・被害届の提出・刑事告訴状の提出、が挙げられます。

　　　　　　　第１節　相談先の選択
　　　　　　　第２節　各種手続の解説
　　　　　　　第３節　各種手続の考察
　　　　　　　第４節　実践上のポイント

## 第1節　相談先の選択

### 1　捜査機関

　インターネット上の掲示板への書込みやホームページへの投稿などを手段とする「ネット攻撃」によって、企業や企業関係者に対する名誉棄損や業務妨害に該当するような誹謗中傷等の被害が発生した場合、当該投稿等を行った者に対する「処罰」を求める場合には、捜査機関への相談が欠かせません。

　その際は、最低限、
① 「インターネットを利用した企業に対する攻撃」が発生した際の時系列をまとめた表、
② 被害の状況を示す書類（当該掲示板等を印刷したもの）、
③ 投稿の対象となった企業や商品・サービスの概要を示すパンフレット、企業関係者の情報・プロフィールを示す書類などを持参するのが良いでしょう。

　そして、相談に赴く人員は、法律に関する一定の知識を有する法務担当者か総務担当者と、攻撃の対象となった商品・サービスの担当者、あるいは攻撃の対象となった企業関係者、可能であれば、企業の役員、顧問弁護士も同席すべきです。これにより、警察に対し、被害をスムーズ、かつ詳細に説明できますし、企業の熱意を示すこともできます。

　なお、捜査機関へ相談に赴く際は、前もって捜査機関と連絡をとり、こちらから相談を希望する日時、人員などを伝えるとともに、インターネット犯罪などに詳しい捜査官などが在席する日時を伺っておけば、繰り返し捜査機関に足をはこぶこともなく、効率よく相談を進められることでしょう。

　また、後述のとおり、いきなり「告訴状」を持参し、受理を求めることはなるべく避けたほうがいいと思われます。

## 2　法律事務所

　法律業務を専属的に取り扱うことが法律（弁護士法）で認められている法律事務所への相談は、「ネット攻撃」に対し、民事的な請求（損害賠償請求や、削除請求等）を行う場合、また、「ネット攻撃」を行った者に対する処罰を求める場合を問わず、一般論としては有効です。

　但し、前述のとおり、「プロバイダ責任制限法」に基づく発信者（注：投稿を行った者）情報開示請求手続やプロバイダに対する損害賠償請求手続などは、平成14年5月に施行された比較的新しい手続ということもあり、法律事務所によっては、十分な知識や経験を備えていない、あるいは、その法律事務所の専門分野しか取り扱っていないという場合もあります。

　紹介などを受けて初めて法律事務所に相談に行く場合や、その法律事務所の弁護士の職務をよく知らない場合には、こんなこと聞いたら失礼かな、などとは思わずに、あらかじめ、「ネット攻撃」に関する知識や関連手続の経験などの問い合わせをしておくことをお薦めします。

## 3　インターネット関連のサービスを提供する民間会社

　一口にインターネット関連のサービスを提供する民間会社といっても、そのサービスは、投稿・投稿内容を監視し「ネット攻撃」自体の早期発見を内容とするものや（インターネット・パトロール）、逆ＳＥＯと呼ばれるサービスを提供するものなど千差万別ですし、もちろん、料金も様々です。

　これらのサービスは、インターネット上の掲示板等への投稿などの「ネット攻撃」を即座に発見したり、即座に第三者が当該投稿を発見しにくいような工夫をしたりする、といった点では安価でパフォーマンスがいいものもあり有用です。

　もっとも、前述（第1章第4節）のとおり、「ネット攻撃」に対する抜本的解決のためには、将来を見越した戦略的な目標を設定しなければなりませんので、かようなサービスのみに頼るというのはやや問題です。

## 第2節　各種手続の解説

### 1　刑事手続と民事手続の差異

まず、「ネット攻撃」への有事対応として、刑事手続と民事手続の違いを説明します。

刑事手続とは、

① 捜査機関が、犯罪が発生したと思料したときに、捜査機関が中心となって、後の公訴（刑事訴訟）の提起及び維持のために、犯人（被疑者）の逮捕及び証拠を発見・収集・保全する「捜査活動」からはじまり、

② 検察官による公訴提起（起訴）を経て、

③ 裁判所が、証拠に基づき有罪・無罪を決定し、有罪の場合には刑罰を与える手続

をいいます。

例えば、電車内で窃盗事件が発生し、捜査活動の結果、犯人（被疑者）を逮捕することができたとします。この場合、まず、検察官が、裁判所に対する「この犯人を窃盗罪で処罰することを求める」旨の意思表示である公訴提起（起訴）を行います。裁判所は、当該公訴提起（起訴）を受け、証拠に基づき「窃盗罪」が成立するかどうかを吟味し、有罪の場合には、所定の刑を宣告することになります（罰金刑が宣告される場合もありますが、これは、あくまで「窃盗罪」という罪に対する刑罰であり、被害者に支払われる金銭ではありません）。

したがって、刑事手続の場合、捜査機関や検察官が、主体的にほぼ全ての手続を遂行することになりますので、被害者となった一般人や企業などが、刑事手続に関与したり、何らかの申立てを行うことはほとんどありません（後述の刑事告訴手続や、刑事訴訟における被害者陳述手続など、一部の手続を除く）。

これに対し、民事手続とは、

① 一般人や企業など（場合によっては国、地方公共団体など）が、

② いずれかの者との間のトラブル・紛争を解決するため、あるいは自らの権利の実現・回復などを目的として、裁判所に対し申立てをし、

③ 裁判所が、当事者の主張や証拠に基づき、当該トラブル・紛争解決の

ための判断や当該権利の存否の判断を行う手続
です。
　民事手続の場合、刑事手続と異なり、どのようなトラブル・紛争を解決するのか、あるいはどのような権利を実現・回復するのか（目的の選択）、そして、そのためにどのような手続を選択するか（手続の選択）など、全て自分で決めなければなりませんが、民事手続によって得られた結果（例えば、損害賠償を認める判決などに基づき得られた金銭、後述の発信者情報の開示を命じる判決などに基づき得られた発信者情報）は、原則として、全て自分のために使用することができます。

〈刑事手続と民事手続〉

| 刑事手続の流れ | 民事手続の流れ（一例） |
|---|---|
| 捜査の端緒（犯罪の現認、刑事告訴、被害届等）<br>↓<br>捜査活動（犯人（被疑者）の逮捕及び証拠を発見・収集・保全）<br>↓<br>公訴提起（起訴）<br>↓<br>刑事裁判手続<br>↓<br>判決<br>↓<br>刑の執行 | 金銭トラブル等の民事紛争の発生<br>↓<br>証拠保全手続<br>↓<br>仮処分手続<br>↓<br>民事訴訟手続<br>↓<br>強制執行 |

## 2　書込み・投稿を行った者などを特定するための手続

　「ネット攻撃」を行った者に対し、損害賠償を求めたり、刑事告訴を行ったりするにも、まずは、当該書込みや投稿を行った者やホームページの作成者等を特定するための手続が必要となります。

　そこで、最初に、当該書込みや投稿を行った者やホームページの作成者等を特定するための方法・手続を解説します。

### ●裁判外の手続

① ホームページやインターネット上の掲示板等を管理しているプロバイダ等を特定する方法

　ホームページの作成者の情報やインターネット上の掲示板等へ投稿を行った者などの情報を得るため、当該ホームページやインターネット上の掲示板等を管理しているインターネットサービスプロバイダ等に当該情報を開示するよう請求する方法が考えられますが、そのためには、まず、当該プロバイダ等を特定する必要があります。

　なお、前述（第1章第1節）のとおり、プロバイダ責任制限法が適用される「プロバイダ」には、いわゆる、インターネットサービスを提供するプロバイダのほか、サーバの管理人、「2ちゃんねる」や「FC2」等のインターネット上の掲示板の管理者、「mixi」、「GREE」、「facebook」等のソーシャル・ネットワーキング・サービス（SNS）、「YAHOO！オークション」や「楽天オークション」等のオークションウェブサイトの運営者等も含まれると解されています。

> **♀ Keyword**
>
> **インターネットサービスプロバイダ（Internet Service Provider）**
> 　インターネットへの接続を提供する企業あるいは団体であり、その他にも、付属的なサービスとして、電子メールアカウントの提供や、ホームページ公開用スペースの提供などを行っており、併せてコンテンツサービスを提供する業態もあります。
> 　なお、プロバイダは、コンテンツを提供する「コンテンツ・プロバイダ」と、発信者と受信者を媒介するだけの「アクセス・プロバイダ」に分類でき、インターネット上の掲示板等の管理者は、一般に「アクセス・プロバイダ」に該当します。

プロバイダ等を特定するため、問題のホームページや掲示板等のＵＲＬの一部分（ドメイン名）を使用して、プロバイダを検索する方法があります。

> **🔑 Keyword**
> **URL**
> 　Uniform Resource Locator（ユニフォームリソースロケータ）の略称であり、インターネット上のリソース（資源）を特定するための形式的な記号の配列を意味する。インターネットを、様々なリソースが混在する一つの仮想空間と考えるならば、ＵＲＬは一定のリソースの場所を特定する「住所」のようなものと考えることができます。
> 　なお、ドメインとは、ＵＲＬの「http://www.○○○.co.jp」のうち、「○○○.co.jp」を指します。

　まず、株式会社日本レジストリサービスという、主にドメイン登録業務を行っている企業がありますので、この企業が管理している「WHO IS」というウェブサイト（http://whois.jprs.jp/）を開き、所定の記入欄に、ドメイン名を入力すれば、当該ドメイン名を使用している者が利用しているプロバイダ等の情報を得ることができます。
　また、同様に、ドメイン登録業務を行っているＭＳＥ株式会社が管理している「IPドメインSEARCH」というウェブサイト（http://www.mse.co.jp/ip_domain/index.shtml）を開き、所定の記入欄に、ドメイン名を入力することで、当該ドメイン名を使用している者が利用しているプロバイダ等の情報を得ることができます。

② 弁護士を通じて、プロバイダ等に対し、発信者情報を開示するよう請求したりする方法
　問題のホームページやインターネット上の掲示板等が設置されているプロバイダ等を特定することができた場合、次に、当該プロバイダ等に対し、ホームページ作成者の情報や、インターネット上の掲示板等の管理者情報、書込みや投稿を行った者の情報を開示するよう請求したりすることが考えられます。
　請求する方法は、一般人による電話、手紙を利用した方法もありますが、弁護士を通じて、内容証明郵便などで請求した方が、より効果的と考えられ

ます。仮に、インターネットサービスプロバイダが請求に応じなかった場合であっても、後日、司法手続の中で「プロバイダは、何時の時点における請求を拒絶した」ことを公的に証明することができますので有用です。

③　弁護士法23条の２に基づく公的な照会制度を利用し、弁護士会を通じて、プロバイダ等に対し、発信者情報を開示するよう請求したりする方法
　　弁護士法23条の２は、以下のとおり規定し、弁護士が、弁護士会を通じて、公的機関や民間団体などに対し、一定事項の照会を行うことを認めております。

〈弁護士法23条の２〉

> 1　弁護士は、受任している事件について、所属弁護士会に対し、公務所又は公私の団体に照会して必要な事項の報告を求めることを申し出ることができる。申出があつた場合において、当該弁護士会は、その申出が適当でないと認めるときは、これを拒絶することができる。
> 2　弁護士会は、前項の規定による申出に基き、公務所又は公私の団体に照会して必要な事項の報告を求めることができる。

　そして、弁護士会から上記照会を受けた公的機関や民間団体は、「弁護士法会に対し、所定の報告をするべき公的義務を負う（大阪高等裁判所平成19年１月30日判決参照）」と解されております。

　したがって、弁護士法23条の２に基づく照会によって、ホームページ作成者の情報や掲示板等管理者の情報などを開示するよう請求されたプロバイダ等は、当該情報を開示しなければなりません（もっとも、弁護士法23条の２に基づく照会制度は強制力があるものではありません）。

　このように、弁護士に相談し、弁護士会を通じて必要な情報を入手するという方法があります。

④ プロバイダ制限責任法に基づき、プロバイダ等に対し発信者情報を開示するよう請求する方法

前述(第1章第1節)のプロバイダ制限責任法に基づいて、プロバイダ等に対し情報の開示を請求する方法をまとめます。

A) 発信者情報開示の要件

違法な投稿や違法な情報によって被害を受けた者は、

(i)権利が侵害されたことが明らかであり、

かつ、

(ii)損害賠償請求のために必要である場合や、その他正当な理由がある場合
(例えば、情報発信者に対する違法な投稿の差止請求や、謝罪広告の掲載請求等の場合)、

に、プロバイダ等に対し、情報発信者の氏名、連絡先等の情報を開示するよう請求することができます。

なお、ここで、「正当な理由」とは、ホームページや掲示板等への投稿行為を差止めるための請求を行う場合や、謝罪広告掲載といった名誉回復のための請求を行う場合のために必要がある場合などが挙げられます。

〈プロバイダ責任制限法4条1項〉

> 1 特定電気通信による情報の流通によって自己の権利を侵害されたとする者は、次の各号のいずれにも該当するときに限り、当該特定電気通信の用に供される特定電気通信設備を用いる特定電気通信役務提供者(以下「開示関係役務提供者」という。)に対し、当該開示関係役務提供者が保有する当該権利の侵害に係る発信者情報(氏名、住所その他の侵害情報の発信者の特定に資する情報であって総務省令で定めるものをいう。以下同じ。)の開示を請求することができる。
> ① 侵害情報の流通によって当該開示の請求をする者の権利が侵害されたことが明らかであるとき。
> ② 当該発信者情報が当該開示の請求をする者の損害賠償請求権の行使のために必要である場合その他発信者情報の開示を受けるべき正当な理由があるとき。

〈発信者情報開示請求書サンプル〉

年　月　日

○　○　○　○　御中

〒×××-××××
○○○○○
請求者　○○○○
(代理人)
〒100-0005 東京都千代田区丸の内1-8-1
　　　　丸の内トラストタワーＮ館18階
　弁護士法人　畑中鐵丸法律事務所
　(法人受任) 請求者　代理人弁護士　山岸　純　㊞
　TEL 03 (3217) 1031
　FAX 03 (3217) 1032

発信者情報開示請求書

　[貴社・貴殿]が管理する特定電気通信設備に掲載された下記の情報の流通により、私の権利が侵害されたので、特定電気通信役務提供者の損害賠償責任の制限及び発信者情報の開示に関する法律(プロバイダ責任制限法。以下「法」といいます。)第４条第１項に基づき、[貴社・貴殿]が保有する、下記記載の、侵害情報の発信者の特定に資する情報(以下、「発信者情報」といいます)を開示下さるよう、請求します。
　なお、万一、本請求書の記載事項(添付・追加資料を含む。)に虚偽の事実が含まれており、その結果[貴社・貴殿]が発信者情報を開示された契約者等から苦情又は損害賠償請求等を受けた場合には、私が責任をもって対処いたします。

記

| [貴社・貴殿]が管理する特定電気通信設備等 | | URL: |
|---|---|---|
| 掲載された情報 | | |
| 侵害情報等 | 侵害された権利 | |
| | 権利が明らかに侵害されたとする理由 | |
| | 発信者情報の開示を受けるべき正当理由 | １．損害賠償請求権の行使のために必要であるため<br>２．謝罪広告等の名誉回復措置の要請のために必要であるため<br>３．差止請求権の行使のために必要であるため<br>４．発信者に対する削除要求のために必要であるため<br>５．その他(具体的にご記入ください) |

B）開示される情報の範囲

開示対象となる情報は、

① 氏名、名称、
② 住所、
③ メールアドレス、
④ ＩＰアドレス、
⑤ 送信年月日、時刻

です（プロバイダ責任制限法4条が規定する総務省令）。

〈特定電気通信役務提供者の損害賠償責任の制限及び発信者情報の開示に関する法律第4条第1項の発信者情報を定める省令〉

> 特定電気通信役務提供者の損害賠償責任の制限及び発信者情報の開示に関する法律第四条第一項に規定する侵害情報の発信者の特定に資する情報であって総務省令で定めるものは、次のとおりとする。
>
> ① 発信者その他侵害情報の送信に係る者の氏名又は名称
> ② 発信者その他侵害情報の送信に係る者の住所
> ③ 発信者の電子メールアドレス（電子メールの利用者を識別するための文字、番号、記号その他の符号をいう。）
> ④ 侵害情報に係るＩＰアドレス（インターネットに接続された個々の電気通信設備（電気通信事業法（昭和59年法律第86号）第2条第2号に規定する電気通信設備をいう。以下同じ。）を識別するために割り当てられる番号をいう。）
> ⑤ 前号のＩＰアドレスを割り当てられた電気通信設備から開示関係役務提供者の用いる特定電気通信設備に侵害情報が送信された年月日及び時刻

なお、開示請求を受けたプロバイダ等は、開示請求者に対し情報を開示する前に、情報発信者から、上記情報を開示することに関する意見を聴取しなければなりません。

〈プロバイダ責任制限法4条2項〉

> 2　開示関係役務提供者は、前項の規定による開示の請求を受けたときは、当該開示の請求に係る侵害情報の発信者と連絡することができない場合その他特別の事情がある場合を除き、開示するかどうかについて当該発信者の意見を聴かなければならない。

〈情報発信者に対する意見照会書サンプル〉

年　月　日

○　○　○　○　御中

　　　　　　［特定電気通信役務提供者］
　　　　　　〒×××－××××
　　　　　　○○○○○
　　　　　　○○○○　社
　　　　　　［代理人］
　　　　　　〒100-0005 東京都千代田区丸の内1-8-1
　　　　　　　　　　　　丸の内トラストタワーN館18階
　　　　　　弁護士法人　畑中鐵丸法律事務所
　　　　　　（法人受任）特定電気通信役務提供書代理人弁護士　山岸　純　㊞
　　　　　　TEL 03（3217）1031
　　　　　　FAX 03（3217）1032

　　　　　　　　　発信者情報開示に係る意見照会書

　この度、貴方が発信されました、次葉記載の情報の流通により権利が侵害されたと主張される方から、貴方の発信者情報の開示請求を受けました。つきましては、特定電気通信役務提供者の損害賠償責任の制限及び発信者情報の開示に関する法律（プロバイダ責任制限法）第4条第2項に基づき、当方が開示に応じることについて、貴方のご意見を照会いたします。

　ご意見がございましたら、本照会書受領日から二週間以内に、添付回答書にてご回答いただきますよう、お願いいたします。二週間以内にご回答いただけない事情がございましたら、その理由を当方までお知らせください。開示に同意されない場合には、その理由を、回答書に具体的にお書き添えください。なお、ご回答いただけない場合又は開示に同意されない場合でも、同法の要件を満たしている場合には、当方は、貴方の発信者情報を、権利が侵害されたと主張される方に開示することがございますので、その旨ご承知おきください。

　　　　　　　　　　　　　　　　記

| 開示を請求する発信者情報 | 1．発信者の氏名又は名称<br>2．発信者の住所<br>3．発信者の電子メールアドレス<br>4．発信者が侵害情報を流通させた際の、当該発信者のIPアドレス<br>5．4のIPアドレスから侵害情報が送信された年月日及び時刻 |
|---|---|
| 証拠 | |
| 発信者に示したくない私の情報 | 1．氏名（個人の場合に限る）<br>2．「権利が明らかに侵害されたとする理由」欄記載事項<br>3．添付した証拠 |

このように、被害者による情報開示請求は、被害回復に向けた第一歩と考えることができます。
　もっとも、当該開示請求を受けたプロバイダ等は、故意または重過失によって開示請求に応じなかった場合以外、開示請求者に対し責任を負いませんので、一般的に、プロバイダ等は開示請求を拒絶する傾向があるようです。この場合、後述の民事訴訟を提起して、情報開示を求める必要があります。

〈発信者情報開示の概要〉

C）留意点
　前述のとおり、プロバイダ制限責任法は、インターネットサービスプロバイダのほか、インターネット上の掲示板等の管理者、ソーシャル・ネットワーキング・サービス（SNS）、オークションウェブサイトの運営者等にも適用されます。
　しかしながら、インターネット上の掲示板等は「匿名」での投稿が基本ですので、例えば、「2ちゃんねる」の管理者に対し、開示請求を行ったとしても、当該管理者は、そもそも氏名、住所、メールアドレスといった情報を保有していないので開示しようがありません。
　もっとも、前述のとおり、インターネットを利用する際には、必ず、自身が契約しているプロバイダ等からIPアドレスが割り振られ、「2ちゃんね

る」にアクセスする際には、当該ＩＰアドレス情報が管理者に蓄積されます。

そこで、まずは管理者から当該ＩＰアドレス情報の開示を受けて、今度は、当該ＩＰアドレスを割り当てたインターネットサービスプロバイダ等に対し、「プロバイダ契約」時の氏名、住所等の情報の開示請求を行うこととなります。

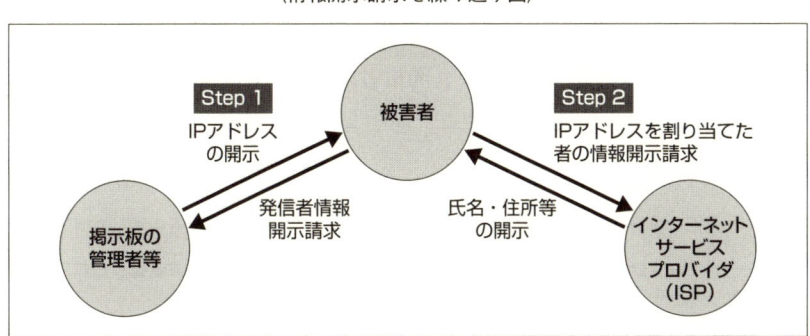

〈情報開示請求を繰り返す図〉

```
            被害者
  Step 1  ↗     ↖  Step 2
IPアドレス         IPアドレスを割り当てた
の開示           者の情報開示請求
  ↙ 発信者情報   氏名・住所等 ↘
    開示請求      の開示
掲示板の              インターネット
管理者等              サービス
                     プロバイダ
                     (ISP)
```

また、発信者情報開示請求を行う際に、特に注意しなければならないのが、現行法では、プロバイダや掲示板等管理者に通信記録の法的な保管義務が課せられておらず、３ヶ月や６ヶ月といった、自主的に定めた保管期限が経過すれば通信記録自体が消失してしまうということです。

したがって、発信者情報を開示するためには、概ね３ヶ月以内に発信者情報開示に係る全ての手続を了する必要があります。

Ｄ）発信者情報開示請求の実情

上記のとおり、情報開示請求を受けたプロバイダ等は、発信者情報開示請求書に添付された資料などを基に検討し、また、発信者に対する意見照会なども踏まえ、当該請求に応じるか応じないかの判断を行うことになりますが、あくまで、任意によるものですので、請求者側としては納得のいく結果を得られないことが多々あります。

この点、プロバイダ事業を運営する企業や団体などが設立した「プロバイ

ダ責任制限法ガイドライン等検討協議会」などは、自主的なガイドライン（前出）を定め、加盟者などに対し、当該ガイドラインに従うよう請求したりしておりますが、実際には、プライバシー保護や電気通信事業法上の守秘義務などを理由に、裁判外での開示請求には一切応じないプロバイダ等が多いのが実情です。

　これは、前述のとおり、プロバイダ制限責任法上、インターネットサービスプロバイダ等は、開示請求に応じなくても故意または重過失がなければ責任を負わないとされている（プロバイダ制限責任法4条4項）一方で、発信者情報開示の要件を満たしていないにも関わらず開示に応じてしまった場合、今度は故意または過失がある限り、発信者に対して責任を負うこととされている（同法3条）ことから、自ずと「開示しない」方向に考えてしまうからです。

>  ①発信者情報開示の要件を満たしているにも関わらず、情報の開示を拒否した場合
>  　→プロバイダ等が「故意または重過失」の場合のみ、開示請求者はプロバイダ等に責任追及が可能
>  ②発信者情報開示の要件を満たしていないにも関わらず、情報を開示してしまった場合
>  　→プロバイダ等が「故意または過失」の場合のみ、発信者はプロバイダ等に責任追及が可能
>  解説：上記①では、「重大な過失」がない限り損害賠償義務が発生しないので、プロバイダ等にとってみれば、極力、開示を控えるように考えることとなる。

⑤　捜査機関に対し、企業や企業関係者に対する名誉棄損や業務妨害に該当する誹謗中傷などの被害が発生したことを相談し、捜査過程において、発信者情報を突き止める方法

　前述のとおり、「ネット攻撃」によって企業や企業関係者に対する名誉棄損や業務妨害に該当するような誹謗中傷などの被害が発生した場合、当該行為を行った者への処罰を求めるためには、捜査機関への相談が欠かせません。

　当該相談を受け、捜査を開始した捜査機関は、刑事訴訟法に則り、上記とは別の捜査手法によって、ホームページ作成者の情報や、インターネット上の掲示板等の管理者情報、書込みや投稿を行った者の情報などを突き止める

こ␣とも可能ですので、捜査機関において当該情報を入手することは、一般人や弁護士よりも容易であると考えられます。

但し、捜査の結果、捜査機関が入手した情報は、あくまで犯罪捜査のために使用されるものであり、民事的な手続のために使用されるものではありません。捜査機関に対し、民事手続に使用するから情報を開示して下さい、と請求してもよほどのことがない限り、捜査機関から情報を得ることは極めて難しいと考えた方がいいでしょう。

●**裁判上の手続**

① 相手方を「不詳」として、プロバイダ等が保有するホームページ作成者の情報や、インターネット上の掲示板等の管理者情報、書込みや投稿を行った者の情報に関する書類などの証拠の保全を求める方法

　プロバイダ等を特定することに成功した場合であっても、任意に応じない場合、法治国家である日本においては、司法手続をもって権利を実現しなければなりません。

　まず、そのための手続として、ホームページ作成者の情報や、インターネット上の掲示板等の管理者情報、書込みや投稿を行った者の情報に関する書類などの保全を目的として、裁判所に対し、「証拠保全」を申立てることが考えられます。

　「証拠保全」とは、あらかじめ証拠調べをしておかなければその証拠を使用することが困難となる事情があると認めるときに、その証拠の保全を求める者からの申立てにより、訴訟提起前に、証人尋問、当事者尋問、検証、書証の取調べなどを行う制度（民事訴訟法234条以下）です。

　日本では、主に、医療訴訟などにおいて、患者側が、訴訟の準備段階において、カルテが改竄されてしまうのを防ぐため、医師や医療機関を相手方として証拠保全の申立てを行い、裁判所が病院等に赴き、あらかじめカルテの記載内容や状況を把握するといった形で利用されてきましたが、前述のとおり、発信者情報自体が、3カ月から6カ月で消失しまう実情にあっては、将来の訴訟提起のために発信者情報を保全しておく必要性が高く、当該手続を利用することは極めて有用と考えられます。

　なお、「証拠保全」手続は、権利関係が明らかではない訴訟提起前に実施されるものであり、当該手続によって証拠調べを受けるプロバイダや掲示板等管理者側にとってみれば、言わば「とんだ迷惑」にもなりかねない手段ですので、「今、証拠を保全しておかなければならない必要性」がなければ認められません。

　したがって、例えば、(i)プロバイダや掲示板等管理者側が任意に応じてくれないこと、(ii)3カ月から6カ月で消失してしまうこと、(iii)故意に発信者情報を消失させてしまうおそれがあること、などを、主張立証するなどして、裁判所に対し、発信者情報が緊急に必要であることを説得する必要がありま

す。

② プロバイダ等を相手方として、ホームページ作成者の情報や、インターネット上の掲示板等の管理者情報、書込みや投稿を行った者の情報を開示することを求める訴訟を提起する方法

　プロバイダ等が、発信者情報を任意に開示しない場合、プロバイダ責任制限法上の権利を実現するため、当該プロバイダ等を被告として、発信者情報を開示することを請求する訴訟を提起する方法があります。

〈訴状サンプル〉

訴　　状

平成×年×月××日

東京地方裁判所　御中

〒×××-××××
　　　○○○○○
原告　○○○○
原告　○○○○

（送達場所）
〒100-0005 東京都千代田区丸の内1-8-1
　　　　　　　　丸の内トラストタワーＮ館18階
弁護士法人　畑中鐵丸法律事務所
（法人受任）原告ら訴訟代理人弁護士　山岸　純　㊞
　　TEL　03（3217）1031
　　FAX　03（3217）1032

〒×××-××××
　　　△△△△△
被告　△△△△

発信者情報開示の請求の訴
訴訟物の価額　　金95万円
貼用印紙額　　　金1万円

請求の趣旨
1　被告は、原告らに対し、別紙記事目録記載の各日時ころにおいて、「○○○.ne.jp. 202.211.＊＊.＊＊」というインターネットプロトコルアドレスを使用してインターネットに接続していた者の氏名、住所及び電子メールアドレスを開示せよ。
2　訴訟費用は被告の負担とする。
との判決を求める。

請求の原因
1　被告は、「○○○」の名称をもってインターネットプロバイダーサービス事業等の通信事業を営む株式会社である。
2　被告は、氏名等不詳名（以下「本件発信者」という。）からのアクセスを受

けて、本件発信者に対し、別紙アクセスログ目録及び別紙記事目録各記載の日時ころ、インターネット接続サービスを提供し、これを受けて、本件発信者は、同時刻ころ、インターネットに接続して、ウェブサイト「○○○」（アドレスhttp://www.＊＊＊）内の電子掲示板にアクセスし、「Inside ○○○○○ Music Award」（アドレスhttp://＊＊＊/＊＊＊）という名のスレッド（以下「本件各スレッド」という。）に対し、それぞれ別紙記事目録記載の記事をそれぞれ投稿した（以下「本件各記事」という。）。

3　本件各記事は、いずれも虚偽事実を列挙し、原告を誹謗、中傷する違法な内容である。また、その態様も、同一内容の記事を敢えて複数回に及び執拗に及ぶものである。かかる違法な情報の流通により、原告らの名誉及び社会的評価並びに原告会社の営業利益は著しく低下するに至った（甲2及び別紙記事目録）。
　　また、これらは公共の利害に関するものでもなく、公益を図る目的でなされたものでもないことは明らかである。
　　また、これらは公共の利害に関するものでもなく、公益を図る目的でなされたものでもないことは明らかである（甲2）。
　　なお、発信者からの原告らに対する権利侵害は、本件訴え提起時点においてもいまだに継続している。

4　「2ちゃんねる」内の掲示板への投稿は匿名で行うことが可能であるため、「2ちゃんねる」管理者は、投稿した者につきIPアドレス以外の情報を保有しない（東京地方裁判所平成15年3月31日判決言渡平成14年（ワ）第11665号損害賠償請求事件）。

5　原告が調査したところによると、本件各スレッドに対しては、被告の管理するサービスのユーザーであり、「○○○.ne.jp. 202.211.＊.＊＊」とのインターネットプロトコルアドレスを使用していることが判明した（甲3）。

6　原告らは、上記名誉毀損及び信用毀損並びに原告会社についてはこれに加えて営業利益の侵害等に基づき、本件発信者に対して損害賠償請求権を行使するために、被告に対し、被告が保有する上記名誉毀損等にかかる「○○○.ne.jp. 202.211.＊.＊＊」というインターネットプロトコルアドレスを使用してインターネットに接続していた者の氏名、住所及び電子メールアドレスの開示を求めるものであって、原告らには、かかる開示を受けるべき正当な理由がある。

7　よって、原告らは、被告に対し、本件発信者の氏名、住所及び電子メールアドレスを開示を求め、本訴に及んだ次第である。

証拠方法
1．甲第1号証　本件各スレッド全文をダウンロードした書面　各1通
　　　　　　　（本訴状記載日時時点迄のもの）

付属書類
1．訴状副本　　　　　　　　　　　　　　　　　　　　　1通
2．甲第1号証写し　　　　　　　　　　　　　　　　　　2通
3．訴訟委任状　　　　　　　　　　　　　　　　　　　　1通

以上

　これは、通常の民事訴訟手続に則って行うものですので、よほど民事訴訟手続に精通していない限り、弁護士に依頼せずに行うのは難しいでしょう。

## 3　投稿を削除するための手続

　以上、発信者情報を開示するための裁判内外の手続を解説してきましたが、次に、ホームページの内容や掲示板等への書込みの削除を請求する方法を解説していきます。

### ●ホームページ作成者やインターネット上の掲示板等への書込みを行った者への直接の削除請求

　「書込み・投稿を行った者などを特定するための手続」が功を奏し、発信者情報を入手することに成功した場合、「ネット攻撃」を行った本人に対し、削除請求することが考えられます。

　前述のとおり、「ネット攻撃」の特徴の1つに「高い匿名性」が挙げられるところですが、仮に、発信者情報の入手によって、当該匿名性を打ち破ることに成功したならば、場合によっては、それだけで解決に導くことも可能となります。すなわち、発信者は、「高い匿名性」というバリアによって規範的意識を欠いた状態で（どうせ、バレないから無責任な発言をすることも厭わない）、「ネット攻撃」に及ぶのですから、当該バリアが外され、無防備となったことを知らしめることに成功した場合には、それだけで自主的な削除を期待することも可能となるからです（後述の損害賠償金の支払などは別として）

## ●プロバイダ等への削除請求

　ホームページ作成者やインターネット上の掲示板等への書込み・投稿を行った者が削除請求に応じない場合、後述の訴訟を提起する前に、今度はプロバイダ等に対し、問題の書込み・投稿を削除するように請求することが考えられます。

　この点、東京都立大学（現・首都大学東京）が運営しているネットワークシステム内に、名誉毀損を内容とするホームページが開設され、被害者がこれを放置した東京都立大学を相手に損害賠償を請求したという事件において、東京地方裁判所平成11年9月24日判決は、

　①　名誉毀損文書が発信されていることを現実に認識し、
　②　その内容が名誉毀損文書に該当し、
　③　加害行為の態様が甚だしく悪質であり、
　④　被害の程度も甚大であり、
　⑤　これらが一見して明白である場合、

には、ネットワーク管理者は、条理上、当該ホームページを削除する義務を負う旨を判示しております（都立大学事件（東京地判平成11（1999）年9月24日判決））。

　また、パソコン通信ネットワーク上の電子会議室における発言が、名誉毀損・侮辱に当たるかが争われた事件において、東京高等裁判所平成13年9月5日判決も、フォーラム上に名誉毀損・侮辱に当たる発言が書き込まれた場合において、フォーラムを運営・管理するシステム・オペレーターは、一定の場合、この発言を削除すべき条理上の義務を負うと判示しました。

　上記裁判例はプロバイダ責任制限法の施行前のものですが、一定の場合には、プロバイダ等に対し、名誉を毀損するホームページやその記載内容を削除する義務を課すこととしておりますので、これを根拠にプロバイダに対し削除請求を行うわけです。

　なお、上記裁判例を参考にするならば、削除請求を行う際は、プロバイダ等に対し、「ネット攻撃」の存在と、これが明らかに企業や企業関係者に対する名誉毀損や業務妨害に該当する行為であり、被害が発生していることを認識させるために、少なくとも、

　①　該当ホームページ、投稿の存在、

② 該当ホームページ、投稿の内容が真実に反し権利が侵害されていること、
③ 該当ホームページ、投稿により生じた被害の程度、
を伝える必要があります。

そして、これらを証明する各種の資料も同送すべきです。また、業務内容を理解してもらうために、企業パンフレット、企業を紹介する新聞の切り抜き、テレビ出演時のビデオなどを同時に郵送するのも有効です。

〈プロバイダへの削除請求時に同送すべき資料〉

◆該当ホームページ、投稿の存在を示す資料
　→「確定日付が付された該当ホームページ、投稿のコピー」(序章第4節)
◆該当ホームページ、投稿の内容が真実に反し権利が侵害されていることを示す資料
　●解雇された元従業員が現職の役員や従業員を名指しで誹謗中傷する内容を投稿した場合
　→「解雇理由が記載された通知書」、「社内調査報告書」など
　●企業のサービス内容に対し虚偽の評価などが記載された場合
　→「公的規格や公的基準を満たしていることを示す公的機関が発行する証明書」、「品質・性能などを保証する研究機関の意見書」など
◆該当ホームページ、投稿により生じた被害が甚大であることを示す資料
　→「取引先などからの問合わせなどの報告書」、「該当ホームページ発見時前後の売上推移表」、「該当ホームページが原因で受注を失ったことの報告書」など

なお、インターネット上の掲示板や動画投稿ウェブサイト、ブログウェブサイト等の場合、管理者が自主的に削除ルールや削除手続を定めている場合がありますので、当該手続にしたがって削除請求することも考えられます。

もっとも、ルールが定められていても、例えば、「2ちゃんねる」の場合、「これから学校を爆破する」、「みんなで○×を殺害しよう」といった生命・身体の現実的危険が差し迫った書込みについては警察に通報する等の対応を行うが、通常のネガティブ情報や名誉を毀損する書込みには対応しない（削除要請に応じない）という管理者の一定のポリシーがあり、なかなか任意の削除に応じてくれないという問題があるようです。このような場合、削除を依頼したことが他の者に知れわたり、かえっておもしろおかしく取り上げられ、二次被害が発生してしまう場合もあります。

しかしながら、このようなリスクがあるからといって、インターネット上

第4章　有事対応における課題

の掲示板管理者（プロバイダ）に対し、何らの行動も行わないならば、後日、掲示板管理者に、「そのような投稿や情報は知りませんでした」という言い分を与えてしまい、前述のプロバイダ責任制限法に基づく救済を受けることが極めて困難になってしまいます。

したがって、プロバイダ責任制限法の要件を満たすためにも、当該掲示板管理者が定めるルールにしたがった削除依頼は可能な限り実施すべきです（もちろん、これに代えて、前掲のプロバイダ責任制限法に基づく削除依頼書によっても結構です）。

〈削除ガイドラインの一例（「2ちゃんねる」の場合）〉

```
1．個人の取り扱い
    定義
      一群
          政治家・芸能人・プロ活動をしている人物・有罪判決の出た犯罪者
      二類
          板の趣旨に関係する職業で責任問題の発生する人物
          著作物or創作物or活動を販売または提供して対価を得ている人物
          外部になんらかの被害を与えた事象の当事者
      三種
          上記2つに当てはまらない全ての人物
    削除対象
      個人名・住所・所属
        一群：
          公開されているもの・情報価値があるもの・公益性が有るもの・等は削除しません。削除の可否は管理人が判断します。
        二類：
          外部から確認できない・責任や事象に無関係な情報は削除対象です。公開されたインターネットサイト・全国的マスメディア・電話帳で確認できる・等、隠されていない情報については削除しません。
        三種：
          誹謗中傷の個人特定が目的である・文意により攻撃目的である等の場合は全て削除対象になります。
      電話番号
          電話番号は、一部伏字・それを示唆するような文字列・等でも、確認方法が確立していない為に原則として全て削除対象です。
          明らかに公的な物・投稿者がハンドルキャップ使用・文意によって本人が公開したと判断できるもの・リンク先で確認できるもの・等は、自己責任として削除されないことがあります。
      メールアドレス
          騙りの可能性や悪意が明らかで攻撃を目的としている・趣旨説明が無く衆目に晒すことを目的としている・等の場合のみ荒らし依頼として扱います。メール欄に書かれていても同様です。判断は文意によります。
      誹謗中傷
        一群：
          管理人裁定の無い限り削除しません。
        二類：
```

板の趣旨に則した公益性が有る事象・直接の関係者や被害者による事実関係の記述・等が含まれたものは削除されません。
三種：
個人を完全に特定する情報を伴っているものは削除対象です。
私生活情報
情報価値が無く、私事のみの情報・第三者の確認できないプライベート情報は、個人が完全に特定されなくても、対象者に不利益が発生する可能性があれば、一律削除対象とします。

## 2．法人・団体・公的機関の取り扱い
原則放置
　　法人・団体については、カテゴリによって扱いが違いますが、原則として放置であるとご理解ください。　社会・出来事カテゴリ内では、批判・誹謗中傷、インターネット内で公開されている情報、インターネット外のデータソースが不明確なもの、は全て放置です。
　　その他のカテゴリ内では、掲示板の趣旨に関係があり、客観的な問題提起がある・公益性のある情報を含む・その法人・企業が外部になんらかの影響を与える事件に関係している・等の場合は放置です。学問カテゴリ内では、この判定を厳しくいたします。
　　公的機関については、他の削除基準と掲示板の趣旨に反しない限り放置します。
削除対象
　　電話番号については、明らかに公的なもの以外は確認手段が確立していないので一律削除対象になります。
　　その他、放置対象ではない場合は削除されることがあります。削除の可否は、依頼があった時点で考慮されることになり、最終的に管理人が判断します。
依頼方法
　　担当部署および担当責任者の連絡方法（メールアドレス可）が必須です。それ以外は、通常の依頼と同様に削除理由と削除対象の特定も必要です。
　　メールや電話よりも、削除依頼をお勧めします。削除要請板ではフォームから入力し、新規スレッドを立ててお願いします。
　　内容証明や電話やメールなどで削除内容に対する説明をいただけば考慮はしますが、そういった場合も、上記のように削除依頼を出していただいた上でお願いします。

　　　　　　　　　　　　　（中略）

## 9．裁判所の決定・判決
判決・仮処分の決定など
　　裁判所より削除の判断が出た書き込みは削除対象になります。

●**裁判上の請求**

前頁までの方法によっても、プロバイダ等が、該当ホームページや投稿の削除に応じない場合、問題を強制的に解決するためには、仮処分の申立や訴訟の提起など、民事手続によらざるを得ません。

但し、後述のとおり、民事手続を利用して結果を得られるまでには、多大な時間と費用とエネルギーを要するため、戦略的観点から、その利用については、慎重を期す必要があります。

〈削除等請求訴状サンプル〉

訴　　状

平成＊＊年＊月＊＊日

東京地方裁判所民事部　御中

〒×××-××××
　　〇〇〇〇
原告　〇〇〇〇

（送達場所）
〒100-0005 東京都千代田区丸の内1-8-
　丸の内トラストタワーN館18階
弁護士法人　畑中鐵丸法律事務所
（法人受任）原告訴訟代理人弁護士　山岸　純　㊞
TEL 03（3217）1031
FAX 03（3217）1032

〒××××-×××
　　△△△△
被告　△△△△

損害賠償請求事件
　訴訟物の価額　金＊＊万円
　貼付印紙額　　金＊＊円

請　求　の　趣　旨
1　被告は、原告に対し、100万円及びこれに対する平成＊＊年＊＊月＊＊日から支払済まで年5分の割合による金員を支払え
2　被告は、被告の運営するウェブサイト「〇〇〇」（http://****）に掲載された別紙名誉毀損部分一覧表記載の各記述を削除せよ
3　訴訟費用は被告の負担とする
との判決及仮執行宣言を求める。

請　求　の　原　因
第1　当事者
　　原告は、〇×クリニックを経営する者であり、被告は、「〇〇〇」という掲示板ウェブサイトを管理運営するものである。（甲1）
第2　被告サイトにおける名誉毀損行為
　　平成＊＊年＊＊月＊＊日から同月＊＊日にかけて、「〇〇〇」において、氏名不詳の者が、別紙名誉毀損部分一覧表記載のとおりの記述（以下「本件各記述」という）を掲載した。（甲2）

第3 原告の社会的評価の低下
　　　本件各記述は、いずれも、原告の経営する○×クリニックが人体実験を行っているという事実を摘示するものであって、一般読者の普通の注意と読み方を基準とすれば、本件各記述は原告の社会的評価を低下させるものであることが明らかである。
　　　これらを受けて、原告は、平成＊＊年＊＊月＊＊日、被告に対し、本件各記述を削除するよう要請した。（甲3）
　　　しかしながら、被告は、平成＊＊年＊＊月＊＊日時点で、本件各記述が「○○○」に掲載されていることを現実に認識し、その内容が名誉毀損に該当し、加害行為の態様が甚だしく悪質であり、被害の程度も甚大であるにも関わらず、これを削除しなかった。

第4 損害
 1 慰謝料
　　　本件各記述が掲載された「○○○」は、現在もインターネット上に存在し、第三者が、容易に且つ何時でも閲覧することが可能である。
　　　原告は、不特定かつ多数の者が本件各記述を閲覧することによって、その名誉を著しく侵害され多大な精神的苦痛を被っているところ、被告が原告の削除要請を無視したことによって原告が被った精神的苦痛は、およそ金銭に換算することはできないが、あえて金銭に換算するとしても、少なくとも100万円を下らない。
 2 弁護士費用
　　　本件訴訟によって必要不可欠な弁護士費用は、10万円を下らない。

第5 本件各記述の削除
　　　上記のとおり、被告が本件各記述を認識した平成＊＊年＊＊月＊＊日から今日まで○カ月が経過したが、被告はいまだに削除要請に応じず、原告の名誉権（人格権）を毀損する本件各記述は現時点でも「○○○」に掲載され続けている。他方、本件各記述の削除は、被告にとって極めて簡単な作業であり、特段の労力等を要するものではない。このような原告と被告それぞれの利益等に鑑みると、本件各記述は早急に削除されなければならない。

第6 まとめ
　　　以上の次第で、原告は被告に対し、不法行為に基づき110万円及びこれに対する削除要請日の翌日である平成＊＊年＊＊月＊＊日から支払済まで民法所定の年5分の割合による遅延損害金の支払を求めると共に、人格権に基づき、本件各記述の削除を求める。

以上

証拠方法
1　甲第1号証　　○×クリニックパンフレット
2　甲第2号証　　ウェブサイト報告書（確定日付有り）議員名簿（写し）
3　甲第3号証　　平成＊＊年＊＊月＊＊日付内容証明郵便

附属書類
1　訴状副本　　　　　　　　　　　　　　　1通
2　甲第1ないし第4号証　　　　　　　　　各1通
3　証拠説明書　　　　　　　　　　　　　　各1通
4　訴訟委任状　　　　　　　　　　　　　　1通

別紙　名誉毀損部分一覧表

| 日時 | 書込み内容 |
|---|---|
| 平成＊＊年＊＊月＊＊日午後＊時＊＊分 | 昨日、○×クリニックに行ったけど、意味もなく5回もレントゲンとられたんだけど、あれ、何だったんだろ。あと、レントゲンの後に飲まされる変な味の薬もきもちわるいし。 |

| | |
|---|---|
| 同午後＊時＊＊分 | そこって、院長が放射線の人体実験しるとこでしょ！？ |
| 同午後＊時＊＊分 | バァカ、○×クリニックなんて行くなよ。知らないうちに殺されるぞ。 |
| | あそこに通院して、自殺しちゃった人いるし。 |
| | 夜、○×クリニックの近く通ると、時々、変なうめき声聞こえるよね。ウチの母ちゃんも、あそこはやめとけって言ってた。 |
| 同午後＊時＊＊分 | ○×クリニックの院長、○山×男って■◇医大卒でしょ?完全にヤブってるし、自分で作った薬、患者に飲ませて様子みてるらしいよ。 |
| 同午後＊時＊＊分 | ウソ、まじで。俺、先週、レントゲンとられて薬飲まされたけど、確かに、ずっと頭イタイ。。。 |
| | ちょっと、やばくね？通報したほうがよくね？ |
| 同午後＊時＊＊分 | ○×クリニック、人体実験、反対！○山謝罪しろ！ |

## 4　損害賠償を求めるための手続

　まず、前述の手続などによって特定したホームページ作成者や掲示板への投稿を行った者の情報を元に、これらの者に対し、直接、損害賠償請求を行うことが考えられます。

　また、前述の裁判例によれば、プロバイダは、一定の場合、問題となったホームページやインターネット上の掲示板の投稿を削除する義務が課されることになりますので、仮に、この義務に違反し削除に応じなかった場合、削除せず放置したことにより生じた損害をプロバイダに請求することも可能です。

　なお、交渉により損害賠償を求める方法もありますが、既に、削除義務に違反している連中と交渉することで損害賠償金を獲得することは現実的ではありません。したがって、民事手続を利用することになりますが、前述のとおり、よほど民事訴訟手続などに精通していない限り、弁護士に依頼せずに訴訟提起・遂行を行うのは難しいでしょう。

〈裁判例〉

1　東京地裁判平成9.12.22判時1637号66頁（いわゆるPC-VAN事件）

（判決要旨）
　会員がパソコン通信において他の会員による会員番号不正使用の疑惑を指摘した発言を掲示した行為が従前の経緯からして他の会員の社会的評価を低下させたものとはいえないとして、名誉毀損が成立しないとされた事例

2　神戸地裁判平成11.6.23判時1700号99頁

（判決要旨）
　電話帳に記載されている実名、電話番号等をパソコン通信に無断で公開したことがプライバシーの侵害に当たるとして、損害賠償責任が認められた事例

3　東京地裁判平成15.3.31判時1817号84頁（ヤフー電子掲示板）

（判決要旨）
　電子掲示板に医療法人の名誉信用を毀損する書き込みがされ、医療法人が発信者情報の一部を把握している場合につき、プロバイダ責任制限法4条1項所定の各要件が肯定され、医療法人のプロバイダに対するIPアドレス等の発信者情報の開示請求が認容された事例

## 5　刑事罰を求めるための手続

　最後に、刑事罰を求めるための手続について解説します。刑事手続として、警察への相談、被害届の提出、刑事告訴状の提出が挙げられますが、警察への相談については既に詳述したとおりです。

　被害届とは、犯罪の被害に遭ったと考える者が、被害の事実を警察などの捜査機関に申告する届出をいい、告訴状とは、捜査機関に対して犯罪を申告し処罰を求める意思表示を示した文書をいいます。両者の違いは、犯人に対する処罰を求めるか意思表示を含むか否かにあり、その後の刑事手続上の意味合いも大きく変わってきます。

　すなわち、被害届は、あくまで「当社の従業員が出張費の額をごまかしていました」、「インターネット上の掲示板で誹謗中傷する書込みがありました」、「昨夜、社屋に侵入した者がいるようです」といった犯罪の発生、被害の発生を伝えるのみであり、犯人の処罰を求める意思表示は、通常の被害届には含まれておりません。

　したがって、被害届は、実際に捜査の端緒として活用されることが予定されているものの、捜査機関が捜査を開始するかどうかは担当警察官もしくは担当上役の判断に左右されますし、警察本部などへの報告義務もありません。

　これに対し、告訴状は、犯人に対する処罰を求める意思表示を含むものであり、告訴を受けた捜査機関は、当該告訴状の受領を拒絶することはできませんし、捜査を尽くす義務を負うものと解されております（警察官職務執行法、刑事訴訟法242条、犯罪捜査規範63条、刑事訴訟法189条2項など）。

## 第3節　各種手続の考察

### 1　手続の選択

　前述のとおり、「ネット攻撃」への有事対応としては、大きく、刑事手続と民事手続に分けることができ、さらに民事手続としては、既に解説したとおり、発信者情報の証拠保全手続、発信者情報開示の仮処分手続及び発信者情報開示請求訴訟、投稿等削除の仮処分手続及び投稿等削除請求訴訟、各種損害賠償請求訴訟等があります。

　このように複数の法的手続がある中で、どの手続を選択し実行すべきかについては、個々の事例ごとに異なるところではありますが、一般的には、まず、物的人的被害の回復を図ることを優先するのか、あるいは、書込み等を行った者を特定し、その者に刑事罰が適用されること等により「心の安堵」を求めるのか、という観点から法的手続の選択の方向性を決めることもできます（もちろん、複数を優先することも可能です）。

　また、前者は、被害を金銭によって回復するのか、あるいは、書込み等の削除をもって直截的に被害の回復に努めるのか、という観点から法的手続の選択の方向性を決めることもできます。

　結局、これらは、どこまで費用と手間と時間をかけて「ネット攻撃」に対応するかという問題とも絡むことになりますが、これら法的対応を検討する段階では、以下の点を十分に考慮する必要があります。

## 2　実例にみる法的手続に要する時間とコスト

ここでは、前述した「「ラーメンチェーン店」ネットトラブル事件」と、「某家庭用ゲームソフト開発会社誹謗中傷事件」を比較しながら、上記法的手続に要する時間とコストを検討してみます。

### ●「ラーメンチェーン店」ネットトラブル事件
【概要】

> 平成14年10月頃、「ラーメン屋チェーンを展開しているG社は、新興宗教団体の一つであるH及びその関係者と密接な関係がある」旨の投稿が、とあるウェブサイトに掲載され、その後も、当該ラーメン屋チェーンとHとの関係を摘示する内容の投稿が続いた。
>
> これに対し、G社側は、平成15年2月、名誉毀損と業務妨害を理由に民事訴訟を提起し、当該事件は高等裁判所まで係属した結果、平成17年5月、上記ウェブサイト管理者に77万円の支払を命じる旨の判決が確定。
>
> さらに、G社側からの刑事告訴により、平成16年12月、前記ウェブサイト管理者は名誉毀損罪で起訴され、一審では無罪判決が下されたが、その後、控訴審で罰金30万円の有罪判決がなされ、最終的に平成22年3月、最高裁にて当該有罪判決が確定した。

【実施した裁判外の手続】
　不明
【実施した法的手続】
①民事手続：損害賠償請求訴訟
②刑事手続：刑事告訴
【結果】
①民事手続：金77万円（請求額：3150万円）
②刑事手続：金30万円の罰金刑
【解決までに要した時間】

①民事手続：損害賠償請求訴訟の提起（平成15年2月）から東京高裁判決（平成17年5月）に至るまで約2年3カ月
②刑事手続：刑事告訴（平成15年2月）から最高裁判決（平成22年3月）にて刑が確定するまで約7年1カ月

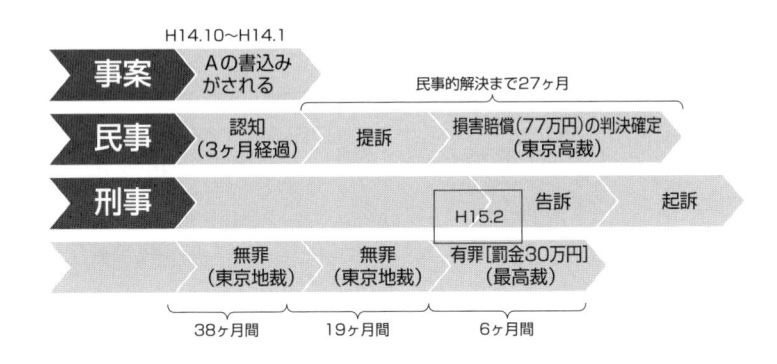

| | H14.10〜H14.1 | | | |
|---|---|---|---|---|
| 事案 | Aの書込みがされる | 民事的解決まで27ヶ月 | | |
| 民事 | 認知（3ヶ月経過） | 提訴 | 損害賠償(77万円)の判決確定（東京高裁） | |
| 刑事 | | | H15.2 告訴 | 起訴 |
| | 無罪（東京地裁） | 無罪（東京地裁） | 有罪[罰金30万円]（最高裁） | |
| | 38ヶ月間 | 19ヶ月間 | 6ヶ月間 | |

## ●某家庭用ゲームソフト開発会社誹謗中傷事件
**【概要】**

> ① 平成21年3月ころ、A掲示板に、家庭用ゲームソフト開発会社Xの商品を誹謗中傷する投稿がなされる。
> ② これに対し、X社は、A掲示板のルールに従い、削除依頼を行ったり、弁護士を通じて、A掲示板を管理するYに対し削除依頼を行ったが、該当投稿は削除されなかった。
> ③ そこで、A掲示板を管理するYに対し、発信者情報開示及び投稿の削除の仮処分を申立てた。
> ④ 平成21年6月、Yが該当投稿を任意に削除し、また、同年7月にはYが発信者情報(IPアドレス)を任意に開示したことにより、上記仮処分を取り下げた。

**【実施した裁判外の手続】**
①掲示板のルールに則った削除依頼
②弁護士を通じた削除依頼
**【実施した法的手続】**
民事手続：発信者情報開示及び投稿の削除の仮処分命令の申立（仮処分命令に基づく仮執行（間接強制））
**【結果】**
①民事手続：該当投稿の削除
②民事手続：発信者情報（IPアドレス）の開示
**【解決までに要した時間】**
①民事手続：仮処分申立（平成21年5月）から任意の削除（平成21年6月）に至るまで約1カ月
②民事手続：仮処分申立（平成21年5月）から任意の発信者情報（IPアドレス）開示（平成21年7月）まで約2カ月

| 日時 | 事柄 |
|---|---|
| 平成21年3月 | A掲示板にX社を誹謗する投稿が多数行われる。 |
| 同じ頃 | 直ちに、A掲示板の管理者に対し削除依頼をするが、数週間が経過するも、投稿は削除されなかった。 |
| 平成21年4月 | 弁護士を通じ、A掲示板の管理者に対し、内容証明郵便にて削除請求を行うが、それでも投稿が削除されなかった。 |
| 平成21年5月27日 | 発信者情報開示・ウェブサイト記事削除仮処分申立 |
| 平成21年6月29日 | A掲示板の管理者が、任意に投稿を削除したことを受け、「ウェブサイト記事削除」仮処分申立を取下げる。 |
| 平成21年7月6日 | 「発信者情報開示」仮処分命令の発令 |
| 平成21年7月7日 | 仮執行（間接強制）申立 |
| 平成21年7月9日 | A掲示板の管理者が、任意にIPアドレス等を開示する。 |
| 平成21年7月21日 | 仮執行（間接強制）申立の取下げにより事件が終了する。 |

　「ラーメンチェーン店」と「某家庭用ゲームソフト開発会社誹謗中傷事件」の大きな違いは、「ネット攻撃」に対応するために選択した法的手続と、一定の結果を得られるまでに要した時間にあります。

　すなわち、前者は、民事手続として損害賠償請求訴訟を、刑事手続として刑事告訴を選択し、民事的結果を得られるまで約2年3カ月、刑事的結果を得られるまで約7年1カ月を要し、後者は、民事手続として発信者情報開示及び投稿の削除の仮処分命令の申立のみを選択し、民事的結果を得られるまで約2カ月を要しています。

　上記違いの大きな理由は、選択した法的手続の性質によるものと考えることができます。

　民事手続のうち、「訴訟」手続は、事件の性格、事件の規模、紛争の度合い等にもよりますが、当事者間に争いがあり、それぞれに資格ある弁護士が訴訟代理人として就任する事件の場合には、概ね、裁判所に対し訴状を提出した後、約1カ月から2カ月後に第1回期日が指定され、その後、半年から1年かけて当事者双方に、それぞれの主張や証拠を提出させて争点を整理し、証人尋問等の証拠調べを経て、1年から1年半ほどの期間を経て、判決あるいは和解に至ることとなります。もっとも、第一審判決に不服がある場合には控訴がなされる時もありますし、三審制を採用する現行民事訴訟法の下、最高裁判所まで争う場合には、2年以上の期間を要することになります。

次に、刑事手続というものは、曲がりなりにも一人の人間に対し、場合によっては生命を絶つ刑罰をも宣告することが可能な手続ですので、当然ながらその手続は慎重に慎重を重ねる必要性があり、相当長期間に及ぶことになりますし、被疑者、被告人において犯罪事実の存在を争っている場合には、さらに期間を要することとなります。

　これに対し、いわゆる「仮処分」手続は、その名のとおり、一定の権利を有する者（債権者）からの申立てにより、民事保全法に基づいて裁判所が決定する「暫定的処置」ですので、裁判所とすれば、債権者の言い分に合致する一定の証拠が存在し、当該債権者の求める根拠が確からしい、という心証さえ抱けば、「仮の救済」として仮処分命令を発令することができます。

　それゆえ、相当の時間をかけてじっくりと言い分や証拠を吟味する必要もないので、比較的短期間に判断をなすことができます。

　「ネット攻撃」を受けた者にとってみれば、書込み等の削除という直截的な被害の回復を図るために、最も優れた手続であるとも考えることができます。

　もっとも、上記の事例では、仮処分命令を受けたA掲示板の管理者が、当該命令を真摯に受け止め、任意に書込み等の削除、発信者情報の開示に応じたからよいものの、現行法制化では、仮処分命令を執行する機関（執行裁判所）が強制力をもって、例えば、A掲示板のサーバやコンピュータを強制的に操作して書込み等削除したり、発信者情報を開示したりすることは予定されておりません。

　あくまで、当該仮処分命令に従わない場合、一日金〇〇円の支払債務が発生するという処分（間接執行）しかできませんので、実際に仮処分命令が功を奏するか否かは、プロバイダ等の動向によらざるを得ない、という点があります。

> **Keyword**
>
> **間接執行**
> 　債務者に対し、金銭の支払を命じるなど一定の不利益を課すことにより心理的に圧迫し、義務の履行を強制する方法。
> 　一定の行為を行うことを内容とする義務のうち、目的を達成するためには、当該行為を債務者本人にさせる必要があり、第三者が債務者に代わってすることが法律上又は事実上不可能であるもの、又は債務者自身が行う場合と同様の効果を生ずることが不可能な義務（不代替的作為義務）の場合や、債務者が一定の行為を行ってはならないことを内容とする義務を強制的に執行する場合に行われる。
> 　例えば、前者は、芸能人のテレビ出演義務のように、義務の履行が債務者本人の特別の地位や技能等に依存する場合や、有価証券への署名義務など、法令上本人のみが行うことが要求されている行為を強制的に行う場合などが該当し、後者は、一定以上の騒音を発生させない義務を強制的に行う場合などが該当する。

　なお、上記にかかるコストですが、上記法的手続を弁護士に依頼する場合には、一概には言えませんが、時間がかかればかかるほど、一般に相応の費用が発生し得ますので、純粋に金銭の支払を求める法的手続を選択する場合には、場合によっては、「費用倒れ」に陥るリスクもあります。

　結局、どの法的手続を選択するかは、専門家の意見を聞き、それに要する費用と時間を十分に理解した上で、自分が求める被害の回復をいかに図るか、という点に尽きると考えることができます。

〈各法的手続に要する時間と費用の関係〉

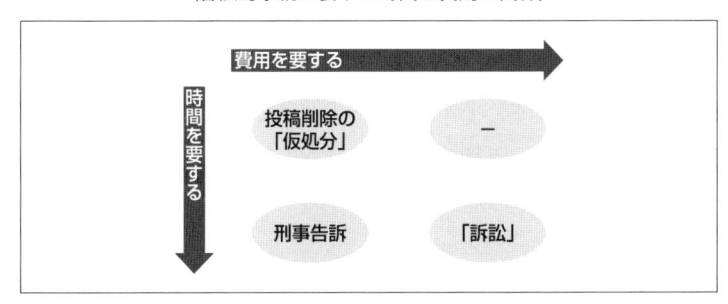

| | 費用を要する → | |
|---|---|---|
| 時間を要する ↓ | 投稿削除の「仮処分」 | － |
| | 刑事告訴 | 「訴訟」 |

## 3　刑事手続の特殊性

　最後に、刑事手続を選択する場合の特殊性を少し述べておきます。

　刑事手続としては、警察への相談、被害届の提出、刑事告訴状の提出が挙げられるところですが、前述のとおり、このうち、刑事告訴については、「犯人に対する処罰を求める意思表示」を含むものであり、告訴を受けた捜査機関は、当該告訴状の受領を拒絶することはできませんし、捜査を尽くす義務を負うものと解されております（警察官職務執行法、刑事訴訟法242条、犯罪捜査規範63条、刑事訴訟法189条2項など）。

　このように、刑事告訴を受けた捜査機関側は、法律に基づき、真剣に捜査活動に臨まなければなりませんので、当然のことながら、刑事告訴を行う者に対しても、「真剣さ」を求めることとなります。

　本来、当たり前の話かもしれませんが、刑事告訴の中には、純粋に「犯人に対する処罰を求める意思」に基づくのではなく、時に私怨によるものであったり、中には、「刑事告訴をすれば、相手が怖じ気づいて損害賠償金を支払ってくれるだろう」といったように、民事的解決を導くための一つの手段として利用するものであったりする場合もあるので、捜査機関側は、相談に応じる中で、このような真意を確かめる必要が生じるからです。

　このようなことを書くと、「いや、私の犯人に対し処罰を求める意思は固い」と断言される方もいらっしゃるかもしれません。

　しかしながら、実際に、警察OBから伺ったところによると、警察に告訴状を提出する者のうち、告訴状提出後、民事上の示談等が成立したとたんに、当該告訴を取消してしまうケースも多々あるとのことであり（もちろん、告訴がなくとも警察が捜査を開始する場合もありますが）、このようなことが続くと、税金を投入し捜査を開始した警察としても、刑事告訴の真意を疑わざるを得ない場合もあるということです。

　これに対し、とかく捜査機関は仕事が増えることを理由に告訴状を受領しない傾向にある、といった批判や文句が、特に刑事告訴業務を受任した弁護士等からあるようですが、捜査機関側としても上記のような事情がある以上、刑事告訴の受理には慎重にならざるを得ないというのは、一定程度、理解ができるような感もあります。

# 第4節　実践上のポイント

## 1　相手方の特定

　「証拠保全」手続等の一部の法的手続を除き、民事手続では、裁判所に対し、「誰」に対して、自身の「どのような権利」を実現して欲しいかを明示しなければなりません。

　すなわち、民事手続では、一定の例外的場合を除き、裁判によって一定の不利益を被る可能性のある者に対し、反論の機会や証拠を提出する機会を提供しなければなりませんので、まずは、「この度、あなたにとって不利益な結果となる可能性のある民事手続が開始されます」といったことを、当該不利益を被る者に対し告知しなければなりません。

　そのため、裁判所は民事手続による解決を求める者に対し、当該告知を行うべき者を特定するよう求めます。また、単に、「山田太郎」と特定するだけではなく、当該「山田太郎」に対し、「この度、あなたにとって不利益な結果となる可能性のある民事手続が開始されます」旨をしたためた文書（通常、「訴状」や「申立書」といいます）を郵送でき、同人が受領することができる場所を合わせて特定しなければなりません。

　この点、著名プロバイダであれば、相手方の氏名や住所を特定することも容易でしょうが、マイナーなプロバイダ等の場合、まず前述の「ホームページやインターネット上の掲示板等を管理しているプロバイダ等を特定する方法」等を実施する必要があります。

　また、インターネットサービスプロバイダに対する法的手続ではなく、当該プロバイダが提供しているサービスに基づきホームページを作成したり、掲示板を管理したり、書込み等を行った者等に対し、法的手続を行う場合には、前述の「プロバイダに対する発信者情報請求」等をもって特定することとなります。

## 2　担当裁判官のプロフィールの把握

　また、自身の権利の存否を判断してもらう担当裁判官のプロフィールを把握しておくことも重要です。

　過払金返還請求訴訟のように、ほぼルーティン化した事件でない限り、やはり裁判官も人の子である以上、訴訟指揮にそれぞれの個性が表れますので、少なくとも担当裁判官がどのような経歴を有しているのか、これまでどのような判決を行っているのかについて把握しておくことで、当該裁判官の性格、考え方、訴訟指揮等を、ある程度、想定できる場合もあるからです。

〈裁判官検索ウェブサイト〉

新日本法規出版株式会社　e－hokiサイト
http://www.e-hoki.com/judge/index.html

〈無料の裁判例検索ウェブサイト〉

裁判所裁判例検索システム
http://www.courts.go.jp/search/jhsp0010?action_id=first&hanreiSrchKbn=01

〈書籍〉

全裁判官経歴総覧（編：全裁判官経歴総覧編集委員会）

## 3　証拠の保全

　また、裁判は、原則として、当事者が裁判所に対し提出する証拠に基づいて、当事者が主張する事実関係の存否を判断することとなりますので（これを証拠裁判主義といいます）裁判所に対し、自己の主張を認めてもらうためには、裁判官を納得させるための証拠を提出しなければなりません。

　そのためには、熱心に証拠の収集、保全に努める必要がありますが、前述のとおり、該当する書込みや違法な情報などをインターネット上からプリントアウトして公証役場にて「確定日付」を付してもらうという方法や、当該箇所のログ等を、前述の証拠保全手続をもって保存しておくことが重要です。

　さらには、関係者からの事情聴取を行い、これを記録化しておくことも必要です。事件発生時の記憶を聴取するのと、1カ月経過後に、記憶をたどってもらって聴取したのとでは、その正確性に格段の差がありますし、後日の民事手続における証拠の「信用性」評価の時にも差異が生じます。

　なお、事情を聴取する際には、5W1Hをもって、簡潔にまとめるべきです。正確性・信用性を高めるために、公証役場で「宣誓供述書」を作成することもお薦めします。

> **Keyword**
>
> **宣誓供述書**
> 　公証人が私署証書（作成者の署名、署名押印又は記名押印のある私文書のこと）に認証を与える場合において、当事者がその面前で証書の記載が真実であることを宣誓した上、証書に署名若しくは押印し、又は証書の署名若しくは押印を自認したときは、その旨を記載して認証する制度であり、宣誓認証を受けた文書を宣誓供述書といいます。
> 　これにより、その記載内容が真実、正確であることを担保することが可能となります。

〈認証サンプル〉

| | |
|---|---|
| 1 | 平成＊＊年登簿第＊号 |
| 2 | 認　　証 |
| 3 | 　嘱託人○△は、法廷の手続に従って、本公証人の面前で、この証 |
| 4 | 書の記載が真実であることを宣誓した上、これに書名押印した。 |
| 5 | 平成＊＊年＊月＊＊日本公証人役場において |
| 6 | 　　東京都○○区○○二丁目＊＊番＊号 |
| 7 | 　　東京法務局所属 |
| 8 | 　　　　公証人　甲川　太郎 |

〈宣誓供述書サンプル〉

供述書

私は、＊＊＊＊＊＊＊＊＊＊＊＊＊＊＊。

今般、＊＊＊＊＊＊＊＊＊＊＊＊＊＊＊＊＊＊＊＊＊＊＊＊＊＊。

しかし、私は、＊＊＊＊＊＊＊＊＊＊＊＊＊＊＊＊＊＊＊＊＊＊＊＊＊＊＊＊。

その後、＊＊＊＊＊＊＊＊＊＊＊＊＊＊＊＊＊＊＊＊＊＊。

そこで、私は、＊＊＊＊＊＊＊＊＊＊＊＊＊＊＊＊＊＊＊＊＊＊＊＊＊＊＊＊＊＊＊＊＊。

今後、私の記憶が薄れないようにするため、今回の件が発生してから間もない平成＊＊年＊＊月＊＊日の時点で、本供述書を公証人の面前で宣誓供述として作成致します。

平成＊＊年＊＊月＊＊日
東京都〇〇区〇〇　　〇山△夫

第4章　有事対応における課題　167

## 第5章

# 特殊な課題・新たな課題

第1節　企業内関与者の処分と労働法務
第2節　プレスリリース(マスコミ対応)
第3節　上場企業特有の課題
第4節　ステルスマーケティング

# 第1節　企業内関与者の処分と労働法務

## 1　企業内関与者の調査・特定

　「ネット攻撃」の内容がプレスリリース前の商品情報に関するものであったり、営業秘密等に関するものであった場合には、「ネット攻撃」に関与している者が企業内にいる可能性も検討しなければなりません。

　すなわち、新商品や新サービスに関する未発表の情報や企業内の不祥事等がインターネット上に漏出し、これが原因となって違法な投稿等が相次いでいるような場合には、企業内の者による書込み・投稿等であることも疑う必要があります。

　この場合、従業員に守秘義務を課している企業であれば当該守秘義務違反の問題が生じますし、情報の取得態様によっては、不正競争防止法違反として刑罰に問われる可能性もあります。

　そこで、「ネット攻撃」に企業内関与者の存在が疑われる場合には、直ちに、企業内に調査委員会等を設置し、全従業員から「調査同意文書」等を入手し、また、ＩＴの専門家の協力を得て従業員のＰＣやネットワークの利用状況調査を行う等、徹底した調査を実施すべきです。

　なぜなら、たとえ、インターネット上に漏出した情報が「企業の不祥事」であった場合であっても（当該「不祥事」自体は許容されるものではありませんが）、従業員が当該情報をインターネット上に漏出する行為は、それとは別問題として毅然とした態度で対処する必要があるからです。

　近年、公益通報者保護法の施行により、企業内不祥事の早期発見が確保され、また、通報者の保護が厚く図られるようになりましたが、「公益通報」はあくまで一定のルールにしたがって行う必要があります。公益通報者保護法が定めるルールに従わないインターネットへの情報漏洩は、守秘義務違反の問題として厳しく対処しなければなりません。

## 2 企業内関与者の処分

　調査の結果、プレスリリース前の商品情報や営業秘密等に関する「ネット攻撃」に従業員が関与していることが判明した場合、当該人物を処分するか否か、処分するとしてどのような処分が適切かについて問題となります。

　まず、入社時に、前掲の誓約書を徴収している企業であれば、「守秘義務違反」を問うこととなりますし、就業規則に基づいた懲戒処分も検討しなければなりません。

　なお、就業規則に基づいた懲戒処分を行う場合には、弁護士等の専門家の意見を聞きつつ、当該情報漏洩行為が「公益通報」の要件を満たすかどうかを検証する必要があります。「公益通報」に該当する場合には、解雇等の処分はできませんので注意が必要です。

　また、商品情報や営業秘密等の取得方法によっては、前述（1章1節）の不正競争防止法が定義する「不正取得」に該当する場合や、不正アクセス行為の禁止等に関する法律が定義する「不正アクセス行為」に該当する場合もあります。この場合、不正競争防止法違反や不正アクセス行為の禁止等に関する法律違反として捜査機関への被害相談も視野に検討する必要があります。

## 第2節　プレスリリース（マスコミ対応）

### 1　プレスリリースの要否

　「ネット攻撃」を受けた場合、それが真実であっても、真実に反する情報であっても、企業としては、積極的にプレスリリースを行うべきです。

　書込み・投稿内容が真実に反する場合には、

① 　当該書込み・投稿のどの部分が事実に反するか、

② 　なぜこのような真実に反する書込み・投稿等がなされるに至ったかについての見解、

③ 　刑事手続、民事手続といった法的対応も含めた今後の対応方針、

等を正確かつ可能な限り早急に発表することで、「ネット攻撃」に対し断固たる態度をとる企業の精神をアピールできますし、将来的な攻撃を予防することにもつながります（かつて、総会屋や暴力団に対し、断固たる態度をとり続けた企業は、中途半端な態度を示す企業より、彼らからの有形無形の攻撃をくい止めることに圧倒的に成功していることと同じことです）。

　次に、たとえ、書込み・投稿内容が真実であったとしても、秘匿するようなことはせず、新商品の欠陥等に関する書込み・投稿等であれば、それを真摯に受け止めて改良に努め、その結果、商品の改良に成功し当初のものより優れた商品が完成したならばその旨をリリースすべきですし、明らかな名誉棄損行為等の場合には、刑事手続、民事手続といった法的対応も含めた企業としての対応方針を明示すべきです。

　この点、芸能人のインターネット上のブログ等への心ない書込み・投稿に対し、当該芸能人や政治家が反応することの是非が議論されます。

　もちろん、例えば「ジジイは引退しろ」といった投稿に対し、「絶対に引退しない」といった不毛な応酬を行うことはあまり褒められませんが、「ファンの方の一つのご意見としてありがたく頂戴致します。もっとも、他のファンの皆様からもたくさんのご声援を頂いている以上、今、引退することは他のファンの皆様の期待を裏切ることにもなりますので、関係者とも相談しながら、慎重に検討したいと思います」といったように、丁寧に丁寧を重ねた対応をすれば、大抵の場合、心ない書込み・投稿を行った方がしびれを切らして諦めてしまいます。

企業に対する心ない投稿であっても、きちんとした態度を示すことが得策であると考えられます（いわゆるクレーマーと呼ばれる方々も、30分程度、反論も一切されずにじっくり話を聞かれているだけだと、疲れ果て、最後には諦めてしまうことと同じです）。

## 2 プレスリリースの工夫

　もちろん、やみくもに、感情に任せたプレスリリース、例えば先に紹介した「焼肉えびすユッケ食中毒」ネットトラブル事件のような戦略なきプレスリリースであれば、"あげ足"をとられた挙げ句、さらに"炎上"することは必至です。

　記者会見を行うにしろ、リリース文書を発表するにしろ、「ネット攻撃」の内容を迅速かつ正確に把握し、事後の戦略を見定め、「ネット攻撃」に対する企業の姿勢を的確に示す発言、文言を選択することが肝要です。

〈リリース文書の「構成例」及び「留意点」〉

```
掲示板への投稿等が真実である場合
  ①　(「企業の不祥事」である場合) 真摯な反省の文言
    ◆ネットトラブルに限らず、「企業の不祥事」の場合、「謝意」の発表と「自
      社の被害」の発表は必ず別の機会にすること
  ②　「激励」に対する感謝の文言
    ◆批判、誹謗中傷などを「顧客からの温かい激励」と捉えること
  ③　改良結果の文言
    ◆企業の真剣な姿勢をアピールする良い機会と捉えること
    ◆今後の改善方針を通知する良い機会と捉えること
  ④　意見・要望の提出先の指定
    ◆掲示板等への投稿から誘導すること
    ◆顧客意見の集約に努めること

掲示板への投稿等が事実に反する場合
  ①　事実に反する箇所の特定
  ②　虚偽情報が出回った理由についての見解
  ③　掲示板等へ書込み・投稿を行っている者へのメッセージ
  ④　刑事・民事の法的手続を含めた今後の対応方針
```

　例えば、次頁のプレスリリース文書は、インターネット上の「売上低迷を揶揄する多くの書込み・投稿」に対する「株式会社吉野屋ホールディングス」のプレスリリース文書です。

　インターネット上の誹謗中傷などを、「ファンの皆さまからの心配」、「応援メッセージ」と捉えて（真実、そうであるかどうかは別として）、「数字」という分かりやすく、かつ、客観的な証拠をもって説明を行っている点において、簡潔でもあり、上記の留意点からしても、とても良いプレスリリース文書であると考えることができます。

　また、いわゆる「事故米」事件の際に住友商事株式会社が発表したプレス

リリース文書も、事件の経緯が簡潔にまとめられております。このように、「事実関係」を全面に押し出すことによって、根拠のない書込み・投稿を一掃できる点において、極めて効果的なプレスリリース文書です（かつてと異なり、ユーザーは、根拠のない書込み・投稿について無視する傾向が強くなっております）。

〈プレスリリース文書の例〉

2010年5月14日

昨今の一部報道機関の報道について

　昨今、一部メディアに、『苦戦鮮明』、『独り負け』などの見出しで、吉野家の業績に関する報道がありました。
　多くの吉野家ファンの方々からご心配のメールやお問い合わせをいただきましたので、株式会社吉野家の業績（2010年2月期）について説明させていただきます。

　　　　株式会社吉野家単体の2010年2月期の業績
　　　　　売上高　　　90,460百万円
　　　　　経常利益　　 2,073百万円

　株式会社吉野家ホールディングスの2010年2月期の赤字決算は、主に株式会社吉野家以外の関連子会社の業績によるところが大きかったにも拘らず、吉野家が赤字の主因のように受け止めている方が多かったので、皆様にはご理解いただきたいと思います。

　4月のセールにつきましても『効果が薄かった』という内容の記事がありましたが、セール期間中の入客数は前週比平均で203.8%でした。また、先月の営業実績は下記の通りでした。因みに、売上高についても勝ち負けで敗者のごとき論評ですが、少なくともこれまで吉野家が劣ったことはありません。

　　　　『吉野家』の先月の1店舗あたりの営業実績
　　　　　平均売上高　　760万円/月

　吉野家ではファンの皆様のご期待に沿えるよう頑張ってまいりますので、一層のご支援をいただけますよう、宜しくお願い申し上げます。

　　　　　　　　　　　　　　　　　　　　　　広報部

株式会社吉野家ウェブサイトより

2008年09月09日
住友商事株式会社

## 輸入米に関する一部報道について

当社は、平成17年8月にミニマムアクセス輸入米としてタイ米を輸入しましたが、そのタイ米の処理に関し、一部報道で当社名が言及されておりますので、改めて経緯を以下のとおり、説明いたします。

（1）当社は、平成17年8月13日にミニマムアクセス輸入米として農林水産省向けにタイ米を7,000トン輸入しました。その一部、約146トン（以下、本件タイ米）について、検疫当局より、カビ発生の指摘を受けました。
このカビは、輸送途上の水濡れにより発生したものと推測されますが、カビが発生したタイ米については、農林水産省との契約条件により、当社が買い取り、処理することになったものです。

（2）当社では、本件タイ米の処理について、農林水産省の了解を得たうえで、三笠フーズ株式会社に対し「工業用糊加工品」に用途を限定することを条件に販売しました（販売契約日：平成17年11月1日）。
また、当社は、本件タイ米が販売条件に従って「工業用糊加工」用に処理されたことについて、三笠フーズ株式会社が検疫当局に提出した措置完了報告書（平成18年3月31日付）の写しを受領しております。

（3）なお、三笠フーズ株式会社との取引は、本件タイ米の販売以外にはありません。

以　上

本件に関するお問い合わせ先
住友商事株式会社
広報部　報道チーム
TEL:03-5166-3100　E-mail:press@sumitomocorp.co.jp

住友商事株式会社ウェブサイトより

## 第3節　上場企業特有の課題

### 1　株主総会対策

　一般的に、取締役等は、株主総会において、株主から特定の事項についての説明を求められた場合、当該事項について必要な範囲で説明をしなければならない義務があります（会社法314条）。

〈会社法314条〉

(取締役等の説明義務)
　取締役、会計参与、監査役及び執行役は、株主総会において、株主から特定の事項について説明を求められた場合には、当該事項について必要な説明をしなければならない。

　したがって、「ネット攻撃」を受けた場合にも、それが企業の商品、サービスに関するものであれ、企業自体や企業関係者に関するものであれ、一定の場合、取締役には、株主総会にて事実関係等を説明する義務が発生します。

　特に、企業の新商品・新サービスに関する「ネット攻撃」を受けた場合には、上場企業の株主としてみれば、株価の低下が気になるところでしょうし、そうでなくとも、企業を取り巻く様々なステークスホルダー、すなわち、取引先やメインバンクの動向、世間が企業に対し抱くイメージ等について大いに気になるところです。

　さらには、昨今、単に株式等を保有するだけではなく、企業価値を向上させるために積極的にアクションをとる、いわゆるアクティビスト（別名「物言う株主」）の活躍が目覚ましいことから、対応を怠ったり、説明責任を果たさず、下手に事実関係をもみ消そうとしようものなら、株主代表訴訟を提起されたりし、取締役としての責任追及をされるリスクもあります。

　もっとも、だからといって、取締役等は、株主の質問に対し、全て懇切丁寧に対応しなければならないというわけでもありません。最近では少なくなりましたが、中には、株主総会にて瑣末な点を取り上げ、無意味な質問を繰り返し議事の妨害を図ろうとしたり、場合によっては不当な要求を試みる輩がいることも否定できません。

そこで、「ネット攻撃」を受けた後の株主総会における対策としては、まず、株主総会前に、「ネット攻撃」について、
①これまでの対応結果、と
②今後の対応方針、に分けて整理しておき、①については、さらに、
　(ⅰ)　当該攻撃の対象とされた事実関係の調査結果、
　(ⅱ)　当該事実関係への対応（商品の改善・改良、アップデート、関係者の処分等）結果、
　(ⅲ)　当該攻撃への対応（民事手続、刑事手続等）結果、
　(ⅳ)　上記一連の対応についての公表状況（マスコミ等へのプレスリリース）
にまとめた上で、株主総会当日には、上記対応結果について簡潔且つ的を射た説明を行うのがよいでしょう。
　そして、上記②についても、具体的対応策と具体的時期を挙げるなどして、「ネット攻撃」に対し真摯に取り組む企業の姿勢を全面に出した説明を行うべきです。
　それでもなお、株主総会が紛糾する場合には、弁護士等の専門家の意見を聞きつつ、下記の会社法施行規則を適用するなどして、適切な進行を図ることが考えられます。

〈取締役等が説明責任を免れることができる場合〉

---

①　質問内容が株主総会の目的である事項に関しないものである場合、
②　説明をすることにより株主の共同の利益を著しく害する場合、
　（以上、会社法314条但書）
③　説明をするために調査をすることが必要である場合
④　株主が説明を求めた事項について説明をすることにより株式会社その他の者（当該株主を除く）の権利を侵害することとなる場合、
⑤　株主が当該株主総会において実質的に同一の事項について繰り返して説明を求める場合、
⑥　上記のほか、株主が説明を求めた事項について説明をしないことにつき正当な理由がある場合、
　（以上、会社法施行規則71条）

## 2　証券取引等監視委員会等への対応

　例えば、上場企業の主力商品やサービスに関し、
「A社の〇×化粧品は、人体に悪影響がある成分が含まれており、アメリカでは販売停止になったらしい。」
「B社のレストランチェーンのハンバーグは、実は馬の肉を使っている。あんなマズイもの食えるか。」
といった投稿や、企業価値の変化をともなう企業再編や整理などに関し、
「C社は、大口取引先との契約が解除され、まもなく倒産します。」
「D社はE社に吸収されるようだ。それによってD社のサービスは終了するだろう。」
といったもの、また、行政作用などに関し、
「今、F社に税務調査が入っているらしいが、相当額の申告漏れを指摘されるだろう。」
「ついに、G社の違法営業を理由に、業務停止命令がなされるらしい。G社もこれまでだな。」
といった投稿がなされた場合、真実か否かにかかわらず、株価に影響を与える可能性があります。

　そして、これらの投稿が、株価の操作を目的として行われた場合などには、前述（1章1節）のとおり金融商品取引法違反の問題が生じます。

　このような場合、企業としては、前述のプレスリリースを行う等して、株価の安定を図ることも重要ですが、当該事実を証券取引等監視委員会に報告することも重要です。

　すなわち、内閣府の外局である金融庁が所管する証券取引等監視委員会では、活動の一環として、市場の公正性・透明性の確保や投資者保護の上で問題があると疑われる情報を受け付けておりますので、上記のような投稿がなされた前後に自社の株価に通常想定し得ない動きがみられた場合には、下記相談窓口等に報告・相談することも検討すべきです。

〈証券取引等監視委員会の情報受付先〉

| | |
|---|---|
| 郵送 | 〒100-8922<br>東京都千代田区霞が関3丁目2番1号<br>中央合同庁舎第7号館（霞ヶ関コモンゲート西館）<br>証券取引等監視委員会事務局<br>市場分析審査課　情報処理係 |
| 直通電話 | 03-3581-9909 |
| 代表電話 | 03-3506-6000（内線3091、3093） |
| ＦＡＸ | 03-5251-2136 |

電話での受付日・受付時間
受付日　　月曜日～金曜日（祝日、年末年始は除く）

受付時間　午前9時30分～午後6時15分

〈インターネット上の掲示板への投稿が金融商品取引法違反に問われた例〉

2008年3月　ヘラクレス上場（当時）のオープンインタフェース株式会社の元衆議院議員である取締役に対し、「妻と離婚せよ」と脅迫していた女性が離婚を拒否された逆恨みから、インターネット上の掲示板に「取締役が殺人事件に関与した」などの虚偽の情報を書込み、株価を下落させたとして書類送検された。

## 第4節　ステルスマーケティング

### 1　ステルスマーケティングの定義と現状

　昨今、話題の「ステルスマーケティング」ですが、有力紙（朝日新聞平成21年5月1日付朝刊等）が報道するところによれば、「企業の従業員や対価を得て活動する第三者等が、消費者に広告宣伝と気づかれないように、中立的な一般消費者を装いながら商品やサービスに関する情報を発信する行為」を指します。主に、いわゆる「口コミ」サイトでよくみられる行為です。

　古くは、インターネットオークションで落札価格をつり上げるために別アカウントでの入札を繰り返す手法や、自社商品の注目度を上げるため、商品の人気ランキングを紹介するウェブサイトを自ら開設、運営し、そのランキング・ウェブサイトで自社商品を上位につける手法といった、古典的な集客の手法である"やらせ"からはじまり、いわゆる「ゲートキーパー事件」等を経て、近年では、有名人のブログや動画共有サイト等を利用して、口コミ等が自然に広がるようなイメージで行われているパターンが多いようです。

〈ゲートキーパー事件〉

　　平成17年頃、ソニー株式会社の社内ＬＡＮから、他社の競合する商品に対する誹謗中傷やそれに付随して自社商品の広告宣伝が投稿されていることが複数のサイトで発覚した事件。
　　ソニー社屋内等から社内ＬＡＮを利用してインターネットに接続する場合、「GateKeeper**.Sony.CO.JP」というホスト名が割り当てられることになるが、ソニーの社内ＬＡＮを利用できる者が、個人のブログやインターネット上の掲示板等に他社の競合商品に対する誹謗中傷を投稿したり、インターネット上で自社商品の不具合を報告したユーザーに対し攻撃的な投稿を行ったりしている、という噂が2ちゃんねるを中心としたインターネット上の掲示板等で広まり、週刊誌等でも取り上げられるに至った。

　このように、「ステマ」自体は、その手法に変化はあるにしても古くから存在するものでしたが、平成24年1月に、飲食関連の大手口コミサイトである「食べログ」を開設、運営する株式会社カカクコムが、特定の飲食店に対し作為的に高い評価を行っていた"やらせ"業者が39社存在することを発表したこと等から大きな関心を呼ぶに至りました。

さらに、最近では「逆ステマ」と呼ばれる手法も存在します。これも、相手方の政策上の欠点や人格上の問題点を批判して信頼を失わせる選挙戦術である「ネガティブキャンペーン」の例のように、古くからある手法ですが、最近では、口コミサイト等で、自社商品・サービスの"やらせ"ではなく、逆に、競業する企業の商品・サービスに対し、あえて低い評価や投稿を行ったりする手法も増えているようです。

　もちろん、このような広告宣伝手法は、決して「正当」とはいえませんし、「ステマ」、「逆ステマ」によって最も被害を受けるのは、これを信じた一般消費者です。

　アメリカ合衆国では、早くからこの問題に取り組んでおり、平成21年12月に、連邦取引委員会（Federal Trade Commission）が「ステマ」「逆ステマ」に関するガイドライン「広告における推薦及び証言の使用に関するガイドライン」を策定し、また法制化する等して、「広告」である旨の明示がなされていない口コミ等において、広告主と当該「口コミを行った者」との間の金銭等の便宜（Material connection）を禁止する等の取り締まりを行っております。

　日本では、「不当な表示による顧客の誘因を防止し、一般消費者の利益を保護すること」を目的とする不当景品類及び不当表示防止法（景品表示法）が、

① 商品・サービスの内容について、消費者が「著しく優良」、「著しく有利」と誤解する表示、
② その他、商品・サービスの取引に関し、消費者が誤解するおそれがある表示、

等を取り締まっております。

　また、今般の"ステマ騒動"を受け、消費者庁は、平成24年1月11日に行われた福嶋浩彦消費者庁長官の記者会見にて「事実関係の調査をしている。口コミサイトなどで公正な表示がされるように、適正化に向けた取り組みを関係事業者に促していきたい」旨、発表しております。

　しかしながら、景品表示法は、あくまで「商品・サービスを提供している事業者が、自社の広告やウェブサイト等で、顧客が誤認するような不当な広告宣伝等を行うこと」を規制するものであって、第三者が開設、運営する

口コミサイトでの"やらせ"を規制するものではありませんし、第三者に金銭を支払って自社の商品・サービスを宣伝してもらうことを規制するものでもありません。

このように、現行法制下では「ステマ」、「逆ステマ」を取り締まることは難しいと考えざるを得ません（なお、平成24年5月9日、消費者庁は「インターネット消費者取引に係る広告表示に関する景品表示法上の問題点及び留意時効」の一文を改定しました。当該改定によりますと、「口コミ投稿の代行を行う事業者に依頼し、自己の供給する商品・サービスに関するサイトの口コミ情報コーナーに口コミを多数書き込ませ、口コミサイト上の評価自体を変動させて、もともと口コミサイト上で当該商品・サービスに対する好意的な評価はさほど多くなかったにもかかわらず、提供する商品・サービスの品質その他の内容について、あたかも一般消費者の多数から好意的評価を受けているかのように表示させること」は、「問題となる事例」に該当することになります。但し、「問題となる」と「違法である」は異なる概念ですし、ガイドラインは「法規性」を有するものではありませんので、一律に禁止されたわけではありません）。

〈筆者による消費者庁へのインタビュー結果〉

日時：平成24年1月31日
架電先：消費者庁表示対策課
質問：
① 景品表示法で、「ステマ」、「逆ステマ」を取り締まることはできるのか。
② 福嶋浩彦長官の「適正化に向けた取り組みを関係事業者に促す」について、具体的なことは行っているのか。
回答：
① 景品表示法やその他の法律をもってしても「ステマ」、「逆ステマ」自体を取り締まることはできない。
② 口コミサイトを設置、運営する大手プロバイダへの指導という方法を通じて行うことになるだろうが、具体的な内容は決まっていない。

〈筆者による警視庁へのインタビュー結果〉

日時：平成24年1月31日
架電先：警視庁サイバー犯罪対策課
質問：
① 「ステマ」、「逆ステマ」が犯罪を構成する場合があるか。
② 実際に、検挙例はあるか。
回答：
① インターネット上に、作為的に他社の商品・サービスに関し虚偽の情報を掲載した場合には、偽計業務妨害罪が成立する場合もある。
② 回答できない。

偽計業務妨害罪：虚偽の風説を流布し、又は偽計を用いて、人の信用を毀損する犯罪。人や企業の支払能力、販売される商品・サービスの品質等に対する社会的な信頼を保護している。法定刑は3年以下の懲役又は50万円以下の罰金。

## 2　私見

　結局のところ、現行法制下では、行政機関等にこれらの取り締まりを求めることは難しいと言わざるを得ませんし、そもそも、口コミサイト等での「ステマ」、「逆ステマ」とそうでないものを見分けるのも困難です。

　とはいえ、少なくとも、企業にとって害となることは間違いない「逆ステマ」への対策は、基本的には、これまで述べてきた「ネット攻撃」対策と同様と考えることができます（なお「ステマ」自体は、企業に対する「ネット攻撃」ではないので割愛します。ただし、企業が行った「ステマ」が発覚した場合、必ずといっていいほど"炎上"します。また、前述のとおり、消費者の信頼保護という観点からは、企業が率先して「ステマ」に取り組むことは決して勧められません）。

　事前の対策としては、やはり、他の「ネット攻撃」と同様、迅速な認知・発見を可能とする組織体制を構築し、日常業務として認知・発見作業を継続することが重要ですし、事後の対策としても、「逆ステマ」が企業の名誉を毀損し、商品・サービスの信用を低下させるものであれば、これまで述べてきた各種の法的手続等を検討することになります。

　ところで、口コミサイト等での「逆ステマ」の場合、ネット上の掲示板等を舞台として、"見えない高度な連携プレー"をもって「群」で投稿する「ネット攻撃」とは大きく異なり、口コミサイト等を舞台として、「単体」で投稿する方法をとる「ネット攻撃」であるという特徴を持っています。

　そうすると、一つ一つの「口コミ」について、ある程度の時間をかけて検証を行うことも可能となります（もちろん、検索エンジンで上位に表示されてしまうのを早急に解消しなければならないという点は変わりませんが）。

　ネガティブな口コミの内容について一つ一つ検証した結果、真に商品・サービスの欠陥等を正確に指摘するものであれば、それは、そもそも「逆ステマ」ではありませんし、真摯な反省をもって改善策に取り組むべきです。これに対し、事実に反する内容であった場合には、「ネット攻撃」の"個数"が少ない分、じっくりと事後の対策に取り組むことが可能となるでしょう。

　いずれにせよ、「逆ステマ」に対し「ステマ」で対抗することは、その不自然さが際立ち"炎上"することが必至ですので決してお勧めできません。

以上

# 索　引

### ● あ行 ●

相手方の特定 ……………………………………… 163
IPアドレス ………………………………………… 42
アディダス ………………………………………… 24
アルバイト ………………………………………… 19
言いがかり ………………………………………… 30
インターネット・パトロール …………………… 96
ウェスティンホテル東京 ………………………… 19
営業部門と回収部門の分離 ……………………… 93
SNSマーケティング ……………………………… 16

### ● か行 ●

害意型ネットトラブル …………………………… 26
会社法３１４条 …………………………………… 177
ガイドライン ……………………………………… 116
確定日付 …………………………………………… 58
学校裏サイト ……………………………………… 50
株主総会対策 ……………………………………… 177
間接執行 …………………………………………… 161
企業内関与者 ……………………………………… 170
　──の処分 ……………………………………… 171
企業の不祥事 ……………………………………… 104
鬼女板 ……………………………………………… 41
九州電力 …………………………………………… 12
金融商品取引法 …………………………………… 80
金融商品取引法１５８条 ………………………… 81
金融商品取引法１５９条 ………………………… 81
グルーポン ………………………………………… 3
クレーマー ………………………………………… 18
クレーム処理部門 ………………………………… 92
刑事手続 ……………………………………… 60, 129
　──の特殊性 …………………………………… 162
刑事罰 ……………………………………………… 154
掲示板 ……………………………………………… 65
刑法 ………………………………………………… 76
刑法２３０条 ……………………………………… 77

索　引　187

| | |
|---|---|
| 刑法230条の2 | 77 |
| ゲートキーパー事件 | 181 |
| 憲法21条2項 | 64 |
| 公益通報 | 103 |
| 公式キャラクター | 22 |
| 公式発言 | 22 |
| 公然 | 76 |
| 個人情報保護法 | 72 |

● さ行 ●

| | |
|---|---|
| サイバー犯罪相談窓口 | 83 |
| 裁判官 | 164 |
| 削除ガイドライン | 148 |
| 事後の法的対応 | 29 |
| 事実を摘示 | 76 |
| 自招型ネットトラブル | 2 |
| 失言 | 10 |
| 従業員 | |
| ──の守秘義務管理 | 122 |
| ──のパソコン管理 | 114 |
| 従業員教育 | 112 |
| 守秘義務誓約書 | 122 |
| 証券取引等監視委員会 | 179 |
| 証拠裁判主義 | 165 |
| 証拠の保全 | 58, 142 |
| 情報管理 | 106 |
| 情報発信者 | 68 |
| ステルスマーケティング | 181 |
| 正社員 | 19 |
| 宣誓供述書 | 165 |
| 戦略目標 | 55 |
| 相談先 | 126 |
| ソーシャルメディア管理者 | 101 |
| 損害賠償 | 153 |

● た行 ●

| | |
|---|---|
| チャイニーズ・ウォール | 111 |
| ツイート | 15, 19, 22, 24 |
| 通信の秘密 | 65 |
| TSUTAYA | 22 |

電気通信事業法１７９条 ……………… 63
投稿を削除 …………………………… 145
東芝 ……………………………………… 18
動物病院事件 …………………………… 27
匿名的共同作業 ………………………… 47
とばっちり ……………………………… 21
都立大学事件 ………………………… 146

● な行 ●

内定者の暴言 …………………………… 21
内部告発 ……………………………… 103
内部通報 ……………………………… 103
なりすまし ………………………… 31, 34
偽ウェブサイト ………………………… 38
２ちゃんねる …………………………… 55
認証済みアカウント …………………… 33
ネット攻撃 ……………………………… 43
　──の特徴 …………………………… 42
　──の認知・発見 ………………… 110
ネットトラブル
　害意型── …………………………… 26
　自招型── …………………………… 2
　派生型── …………………………… 19

● は行 ●

バードカフェ …………………………… 3
派生型ネットトラブル …………… 19, 116
発信者情報開示 ……………………… 138
被害者 …………………………………… 68
被害の把握 ……………………………… 45
ビジネスの設計・構築段階 …………… 88
誹謗中傷 ………………………………… 26
表現の自由 ……………………………… 62
フジテレビ ……………………………… 39
不正アクセス …………………………… 78
不正アクセス防止法 …………………… 79
不正競争防止法 ………………………… 73
不正競争防止法２条 …………………… 74
不正競争防止法２１条 ………………… 74
プライバシー ……………………… 71, 114

プレスリリース ……………………………………………… 172
プロバイダ ……………………………………………… 63, 131
　海外の―― ……………………………………………… 66
　――等への削除請求 ……………………………………… 146
プロバイダ責任制限法 …………………………… 62, 64, 134
プロバイダ責任制限法３条１項 ………………………… 68
プロバイダ責任制限法３条２項 ………………………… 69
プロバイダ責任制限法４条１項 ………………………… 134
プロバイダ責任制限法４条２項 ………………………… 135
弁護士法２３条の２ ……………………………………… 133
法人格否認の法理 ………………………………………… 67
放置 ………………………………………………………… 52
法的手続に要する時間とコスト ………………………… 156
bot機能 …………………………………………………… 15

● ま行 ●

三越伊勢丹 ………………………………………………… 21
民事手続 …………………………………………………… 129
名誉毀損（罪） ……………………………………… 71, 76
迷惑メール ………………………………………………… 65

● や行 ●

焼肉酒家えびす …………………………………………… 10
やらせメール ……………………………………………… 12
URL ………………………………………………………… 132
UCC上島珈琲 ……………………………………………… 15
愉快犯 ……………………………………………………… 35

● ら行 ●

ラーメンチェーン店 ……………………………………… 29

## 【著者紹介】
### 弁護士法人　畑中鐵丸法律事務所
（はたなかてつまるほうりつじむしょ）

「あらゆる企業法務分野における、あらゆる法務課題を、あらゆる規模の企業のために提供する」ことをモットーに、プロフェッショナリズムと顧客満足に徹したスタッフによる、クオリティの高いサービス提供を追求する組織。
予防法務・紛争法務・戦略法務（企画型法務）などあらゆるレベルの企業法務を遂行するほか、国際法務・上場企業法務・敵対的ＴＯＢ・内部統制（コンプライアンス）等、先端法務分野における難易度の高い事案受任も意欲的に行う。

○完全予約制コンサルティング（メールや電話による相談対応も提供）、
○土日・夜間における緊急時の一次応答体制の整備、
○内部通報窓口の設置・運営受託サービス（"内部統制監視センター"）、
○クライアント企業職員のためのプライベイトな法律相談窓口の設置・運営受託サービス（"法務レスキュー"）、
○様々な取引・契約形態の契約書式・法務書式提供サービス（"法務書式総合ライブラリー"4646.or.jp）
○セカンドオピニオンの提供
その他、迅速な英文法務文書翻訳サービス、企業向法務研修の実施等、現代の複雑・高度な企業法務ニーズに対応した多様な法務サービスをクライアント企業に対して提供する。

〈住所〉
〒100-0005 東京都千代田区丸の内1-8-1
　　　　　丸の内トラストタワーＮ館18階

〈URL〉http://www.tetsumaru.com

〈お問い合わせ先〉
電話：0120-469196（法務・QUICK・LAW）
FAX：0120-469197（法務・QUICK・書（類））

## 【執筆】
### 山岸　純（やまぎし　じゅん）

弁護士。（弁）畑中鐵丸法律事務所所属。早稲田大学法学部卒。東京弁護士会公益通報者保護特別委員、東京三会公益通報者保護協議会委員，秘密保全法案対策本部委員。企業ネット被害対策協議会事務局長。

## 【企画・監修】
### 畑中　鐵丸（はたなか　てつまる）

弁護士・ニューヨーク州弁護士。東京大学法学部在学中に司法試験（日本）及び国家公務員試験Ⅰ種に各合格。新日本製鐵株式会社勤務等を経て、米国留学。ペンシルバニア大ロースクール（修士課程）留学、ニューヨーク州司法試験合格後、Kirkland&Ellis法律事務所勤務等を経て、弁護士法人畑中鐵丸事務所を設立し、現在に至る。多数の企業・医療機関・学校法人等の顧問弁護士を務めるほか、日本弁護士連合会債権回収に関する委員会（サービサー委員会）副委員長、日本商品先物取引協会あっせん・調停委員、企業ネット被害対策協議会副会長等を歴任。著書は「eビジネスロー」（弘文堂、分担執筆）、「戦略的コンプライアンス経営」（弘文堂）、「ビジネス契約実務大全」（企業研究会）、「法律オンチが会社を滅ぼす」（東洋経済新報社）、「こんな法務じゃ会社がつぶれる」（第一法規）、電子書籍「鐵丸弁護士が説く！　会社倒産シグナル10」（アクセルマーク株式会社）、「企業法務バイブル」（弘文堂）、最新刊に「鐵丸先生の生兵法務は大怪我のもと！」（第一法規）等多数。

**企業ネットトラブル対策バイブル**

平成24年7月15日　初版1刷発行

著　者　弁護士法人　畑中鐵丸法律事務所
発行者　鯉渕　友南
発行所　株式会社　弘文堂　101-0062 東京都千代田区神田駿河台1の7
　　　　　　　　　　　　　TEL 03(3294)4801　　振替 00120-6-53909
　　　　　　　　　　　　　　　　　http://www.koubundou.co.jp

装　幀　青山修作
組　版　ダーツ
印　刷　三陽社
製　本　井上製本所

Ⓒ 2012　Tetsumaru Hatanaka Firm. Printed in Japan

[JCOPY] ＜(社)出版者著作権管理機構 委託出版物＞
本書の無断複写は著作権法上での例外を除き禁じられています。複写される場合は、そのつど事前に、(社)出版者著作権管理機構（電話 03-3513-6969、FAX 03-3513-6979、e-mail: info@jcopy.or.jp) の許諾を得てください。
また本書を代行業者等の第三者に依頼してスキャンやデジタル化することは、たとえ個人や家庭内での利用であっても一切認められておりません。

ISBN978-4-335-35504-2